Financial
Accounting
and
Fiscal
Revenue

现代财务会计
与财政税收管理探索

XIANDAI CAIWU KUAIJI
YU CAIZHENG SHUISHOU GUANLI TANSUO

彭军 潘金萍 马雪 ◎著

中国出版集团
中译出版社

图书在版编目（CIP）数据

现代财务会计与财政税收管理探索 / 彭军，潘金萍，
马雪著. -- 北京 : 中译出版社，2024.5
ISBN 978-7-5001-7928-3

Ⅰ. ①现… Ⅱ. ①彭… ②潘… ③马… Ⅲ. ①财务会
计－研究②财政管理－研究③税收管理－研究 Ⅳ.
①F234.4②F810.2③F810.423

中国国家版本馆CIP数据核字（2024）第105496号

现代财务会计与财政税收管理探索

XIANDAI CAIWU KUAIJI YU CAIZHENG SHUISHOU GUANLI TANSUO

著　　者：彭　军　潘金萍　马　雪
策划编辑：于　宇
责任编辑：于　宇
文字编辑：田玉肖
营销编辑：马　萱　钟筱童
出版发行：中译出版社
地　　址：北京市西城区新街口外大街28号102号楼4层
电　　话：（010）68002494　（编辑部）
由　　编：100088
电子邮箱：book@ctph.com.cn
网　　址：http://www.ctph.com.cn

印　　刷：北京四海锦诚印刷技术有限公司
经　　销：新华书店
规　　格：710 mm×1000 mm　1/16
印　　张：13
字　　数：209千字
版　　次：2025年1月第1版
印　　次：2025年1月第1次印刷

ISBN 978-7-5001-7928-3　　　　定价：68.00元

前　言

　　随着我国市场经济的深入发展和国内外经济环境的变化，财政、税收、会计和审计等相关法规制度不断完善，对财务会计与财政税收管理工作提出了更多、更高的要求，也促成了相关理论与实务在近年来的巨大进展。在经济快速发展的背景下，各个企业之间的竞争相比之前变得更加激烈，市场的发展环境也变得不稳定起来，这些因素直接导致大部分企业在经营与发展的过程中面临着更大的困难和挑战。由此，会计这个行业的制度发生了很大的改变。会计与税收这两者之间存在许多相同与不同之处，现在这两者之间的关系相比之前也变得更加紧密。要想使经济发展的速度变得更快、更稳定，就需要全面深入地对这两者之间的关系进行分析，并及时做出正确的选择，以此来最大限度地促使会计这个行业的发展。

　　本书是关于财务会计与税收方向的著作，主要研究财务会计与财政税收管理，从财务会计基础介绍入手，针对货币资金与存货、固定资产与无形资产进行了分析研究；还对财政税收管理做了一定的介绍，包括财政收入与支出、税收基础知识、税收的内容、税收风险管理。本书力求论述严谨、结构合理、条理清晰、内容丰富新颖，具有前瞻性，其不仅能够为财务会计提供翔实的理论知识，而且能为财政税收管理相关理论的深入研究提供借鉴。还可以作为从事财务会计与财政税收管理等行业工作人员的参考资料。

　　本书在创作过程中参考了相关领域的诸多著作、论文、教材等，引用了国内外部分文献和相关资料，在此一并对作者表示诚挚的谢意和致敬。由于作者水平有限、时间仓促，书中难免会有疏漏不妥之处，恳请专家、同行不吝批评指正。

作者

2024 年 3 月

目　录

第一章　财务会计概述 ······················· 1

　　第一节　财务会计基础 ······················· 1

　　第二节　财务会计概念框架 ················· 16

第二章　货币资金与存货 ····················· 22

　　第一节　货币资金 ··························· 22

　　第二节　存货 ······························· 27

第三章　固定资产与无形资产 ··············· 44

　　第一节　固定资产 ··························· 44

　　第二节　无形资产 ··························· 57

第四章　财政收入与支出 ····················· 67

　　第一节　财政收入 ··························· 67

　　第二节　财政支出 ··························· 74

第五章　税收基础知识 ······················· 86

　　第一节　税收的含义与要素 ················· 86

　　第二节　税收的原则与分类 ················ 101

　　第三节　税制结构与体系变革 ·············· 112

第六章　税收的内容 ……………………………………………118

第一节　商品课税 …………………………………………118

第二节　所得课税 …………………………………………139

第三节　财产课税 …………………………………………145

第七章　税收风险管理 ……………………………………………158

第一节　税收风险管理概述 ………………………………158

第二节　税收风险识别管理 ………………………………173

第三节　税收风险的应对与反馈 …………………………183

参考文献 ……………………………………………………………199

第一章　财务会计概述

第一节　财务会计基础

一、财务会计的含义

（一）会计产生与发展的原因

会计是为适应社会生产实践和经济管理的客观需要而产生的，并随着生产的发展而发展。生产活动是人类赖以生存和发展的最基本的实践活动。生产活动的过程，同时也是消费的过程，在生产活动过程中，一定是先有投入，而后有产出。记录生产过程的投入与产出，并加以比较，才能判断是否有经济效益，继续生产是否有意义，这样社会才会进步，经济才会发展。记录、计算和比较投入与产出的活动即为会计，因此，会计是出于对管理生产和分配的需要而产生的。

会计是经济发展到一定阶段的产物，经济越发展，对生产过程和分配过程的管理要求就越高，经济的发展推动了会计的发展。随着社会经济的不断发展，会计经历了一个由简单到复杂、由低级到高级，不断发展和完善的过程。一方面，它从简单地计算和记录财务收支，逐渐发展到利用货币计量综合地核算和监督经济的过程。会计的方法和技术通过长期实践，也逐渐完善起来。另一方面，会计将会计信息反馈给有关方面，更好地为经济服务，推动社会的发展。客观实践证明，经济越发展，会计愈重要；生产越现代化，规模越扩大，越是需要利用会计信息，同时，会计发展了，就能更好地服务于经济，推动经济的进一步发展。

（二）会计的职能与作用

会计的职能是由会计的本质特征所决定的，是会计固有的和直接的功能。会计是企业的一项基础管理工作，即通过系列会计程序，提供决策有用的信息，并积极参与经营管理决策提高企业经济效益，服务于市场经济的健康有序发展。具体来说，现代会计的作用主要表现在以下方面。

1.考核企业管理层的经济责任履行情况

现代企业接受投资者和债权人的投资，经营管理者受托经营和管理，按照预定的发展目标和要求，合理利用资源，有效地进行经营管理，提高经济效益，会计信息有助于评价经营管理者的业绩，考核企业管理层的经济责任履行情况。例如，通过了解企业当年度经营活动成果和当年度的资产保值与增值情况，可以了解企业的财务状况和盈利发展趋势；通过与同行业其他企业和本企业历史数据的对比，可以了解企业管理者的经营业绩、企业在同行业竞争中所处的位置等，考核企业管理层的经济责任的履行情况。

2.客观、公允地反映企业的财务状况、经营成果和现金流量

会计是对大量的经济业务进行确认、记录和交流。通过确认、计量、报告以及记账、算账、报账等程序，全面、完整、综合地反映经济活动的过程和结果，为内部和外部使用者提供有用的信息。会计既是一种经济核算活动，也是一种以提供信息服务为主的经济信息系统。随着经济和社会的发展，对会计信息的要求逐步提高，会计核算不仅包括对经济活动的事后核算，还包括事前核算和事中核算。事前核算的主要形式是进行经济预测和规划，参与决策；事中核算的主要形式则是在计划执行过程中，通过核算和监督相结合的方法，对经济活动进行控制和管理，使之按计划和预定的目标进行。会计反映的结果包括企业的资产、负债、所有者权益等财务状况信息，还包括企业收入、费用和利润等经营成果信息，以及企业现金流入、流出和净流量等现金流量信息。

3.现代会计的范围

我们生活的所有方面几乎都涉及会计信息。日常生活中，企业获取收入、支付税金、投资规划、预算管理和战略规划等，都会用到会计信息。会计提供财务会计、管理会计、税务管理和其他会计相关的四个领域的就业机会。不同会计职业的主要工作内容分别是：财务会计包括编制财务报告、财务分析、审计和咨询等；管理会计包括成本控制、预算管理、内部控制和审计、战略规划等；税务管理包括编制税务报告、税收筹划、税务实施、税务咨询和调查等；其他会计相关领域包括市场研发、会计信息系统设计、兼并重组、企业评估等。

（三）财务会计的特征

财务会计以提供定期的财务报告为主要手段，侧重于向企业外部的投资人、债权人等提供财务信息，以外部利益相关者为主要服务对象。财务会计需要遵守公认的会计原则和会计制度，主要反映事后的经济活动。

1.财务会计着重提供财务信息

由于财务会计只对已发生或已完成的、能用货币表现的交易或事项予以确认、计量、记录和报告，因此，财务会计提供的主要信息（包括在财务报告的信息）必然是历史的和财务的信息。

2.财务会计提供的财务信息主要由通用财务会计报告加以揭示

财务会计提供财务信息的主要形式和对外传递的主要手段是财务报告，包括财务报表、附表、附注和财务状况说明书。虽然，企业外部会计信息使用者众多，其决策各不相同，对企业会计信息的要求也各不相同，但是财务会计不可能针对某个具体外部使用者的决策需求来提供财务报表；而是根据各个利益集团和人士的共同需要综合提供一套财务报告，即定期编制通用的财务报告，以满足所有外部会计信息使用者的共同决策需要。

3.财务会计为外部使用者提供财务信息

财务会计提供的信息虽可供企业外部和内部使用，但主要是作为企业外部的会计信息使用，如作为投资人、债权人、政府机构、职工、税务部门、证券管理部门和其他外部信息使用者进行投资决策、信贷决策、征税决策、证券上市许可和证券交易管理决策及其他经济决策的依据。

4.财务会计提供的财务信息必须满足会计信息质量要求

财务会计的服务对象主要是企业外界信息使用者，他们与企业管理当局有着不同的利益和信息要求，而且不同外界信息使用者也存在不同的利益和要求。为了维护企业所有利害关系人的利益，财务会计的数据处理过程和财务报表的编制均要严格遵照会计信息质量要求。

5.财务会计以复式簿记系统为基础

复式簿记是现代会计的一个重要基石，自意大利商人在中世纪发明复式簿记以来，它已盛行五百多年。复式簿记的基本原理是：所有经济业务均要做出双重记录（借与贷），以便获得全面反映。同时，复式簿记包括凭证—日记账—分类账—试算表—报表这样一个完整的账务处理体系。财务会计的账务处理正是复式簿记系统进行的记录、分类、调整、汇总和定期编制报表，以便产生条理化和系统化的会计信息。

6.财务会计提供的信息通常以一个会计主体为空间范围

财务会计应反映一个会计主体（例如一个企业）整体的财务状况、经营成果和现金流量。而时间跨度是每一个会计期间，通常为一个会计年度。

7.财务会计提供的信息不能保证绝对精确

财务会计处理的对象带有很大的不确定性，即使是可验证的历史信息，在其形成过程中也不能排除预测、估计和判断，因此，财务会计产生的信息不能保证绝对精确。

二、财务报告目标

财务报告目标是指提供财务信息或编制财务报告（财务报表）的目标或目的。它是财务会计概念框架中的最高层次，对会计发展起着导向作用。

（一）财务报告目标内容

财务报告的目标是向财务报告使用者（包括投资者、债权人、政府及其有关部门和社会公众等）提供与企业财务状况、经营成果和现金流量等有关的会计信息，反映企业管理层受托责任履行情况，有助于财务会计报告使用者做出经济决策。首先向财务报告使用者提供会计信息，其次反映管理层受托责任履行情况。

（二）财务报告目标的作用

财务会计作为对外报告会计，其目的是通过向外部会计信息使用者提供有用的信息，以反映企业财务信息，帮助使用者做出相关决策。承担这一信息载体和功能的便是企业编制的财务报告，它是财务会计确认和计量的最终成果，是沟通企业管理层与外部信息使用者的桥梁和纽带。因此，财务报告的目标定位十分重要。

财务报告的目标定位决定着财务报告应当向谁提供有用的会计信息、应当保护谁的经济利益。这既是财务报告编制的出发点，也是企业会计准则建设与发展的立足点。因此，需要清楚界定企业财务报告的使用者，这些使用者具有哪些特征，进行什么样的经济决策，在决策过程中需要什么样的会计信息等。在这种情况下，财务报告"按需定产"，为使用者提供有用信息，不仅可以有效地调和企业管理层与外部信息使用者之间的关系，还可以提高使用者的决策水平与质量，降低资金成本，提高市场效率。

财务报告的目标定位决定着财务报告所要求会计信息的质量特征，决定着会计要素的确认与计量原则，是财务会计系统的核心与灵魂。通常认为财务报告目标有经管责任观和决策有用观两种：在经管责任观下，会计信息更多地强调可靠性，会计计量主要采用历史成本；在决策有用观下，会计信息更多地强调相关性，会计计量在坚持历史成本外，如果采用其他计量属性能够提供更多相关信息的，会较多地采用除历史成本之外的其他计量属性。因此，财务报告的目标定位直接决定着整个财务会计系统的构造，包括会计要素的确认、计量和报告等方面。

财务报告的目标定位决定着财务会计未来发展的方向。财务会计作为反映经济交易或者事项的一门科学，从来都是随着经济环境的变化而不断发展演化的，尤其随着现代公司制的建立、资本市场的发展和技术革新的加剧，财务会计理论和实务更是以惊人的速度向前发展，相应地，会计准则的发展与变化也是日新月异，国际国内的实践都证明了这一点。例如，美国会计准则在发展早期目标不明，几经波折，后来逐渐认识到财务会计概念框架尤其是财务报告目标的重要性。因此，美国财务会计准则委员会于20世纪70年代末80年代初先后发布了四项财务会计概念公告，其中，第一项概念公告即为《财务报告的目标》。对财务报告目标的清晰定位，使多年来美国关于财务报告目标的争论和财务会计发展方向问题尘埃落定，也催生了美国会计准则数十年的繁荣与发展，为美国资本市场的发展打下了扎实基础。我国也是如此，从传统计划经济条件下的会计信息主要服务于国家宏观经济管理的需要，到随着我国市场经济体制的发展和完善，在基本准则中将财务报告目标明确定位，从而为各项会计准则的制定奠定了良好基础，也为未来财务会计的发展和会计准则体系的完善确立了方向。

三、财务会计的要素与会计等式

（一）会计要素及其确认

明确了会计核算的对象，在此基础上将会计对象按照交易或事项的经济特征进行科学分类的名称即会计要素。会计要素分为反映企业财务状况和反映企业经营成果两类。会计要素既是会计确认和计量的依据，也是确定会计报表结构和内容的基础。《企业会计准则》规定，企业会计要素分为资产、负债、所有者权益、收入、费用和利润。其中，资产、负债和所有者权益要素侧重反映企业的财务状况，收入、费用和利润要素侧重反映企业的经营成果。

1.资产

（1）资产的定义

资产是指企业过去的交易或者事项形成的、企业拥有或者控制的、预期会给企业带来经济利益的资源。根据资产的定义，资产具有以下特征。

资产预期会给企业带来经济利益：资产预期会给企业带来经济利益，是指直接或者间接导致现金和现金等价物流入企业的潜力，这种潜力既可以来源于企业的日常经营活动，也可以来源于非日常经营活动。带来的经济利益即可以是现金和现金等价物的直接流入，也可以是转化为现金和现金等价物的间接流入，还可以是现金和现金等价物流出的减少。资产预期会给企业带来经济利益是资产最重要的特征。凡预期不能给企业带来经济利益的，均不能作为企业的资产确认。前期已确认的资产项目，如果预期不再为企业带来经济利益，也不能再作为企业的资产。

资产为企业拥有或者控制：资产为企业拥有或者控制，是指企业享有某项资源的所有权，或者虽然不享有某项资源的所有权，但该资源能被企业所控制。企业拥有资产的所有权，通常表明企业拥有从资产中获取预期经济利益的权利。在有些情况下，虽然企业不享有一些资源的所有权，但能实际控制这些资源，同样也能够从这些资源中获取经济利益，根据实质重于形式的原则，这部分经济资源也应作为企业的资产。

资产由企业过去的交易、事项形成：资产是企业过去的交易、事项形成的。企业过去的交易或者事项包括购买、生产、建造行为或其他交易或者事项。预期在未来发生的交易或者事项不形成资产。

（2）资产的确认条件

符合资产定义的资源，在同时满足以下条件时确认为资产。

①与该资源有关的经济利益很可能流入企业。

②该资源的成本或者价值能够可靠地计量：符合资产定义和资产确认条件的

项目，应当列入资产负债表；符合资产定义但不符合资产确认条件的项目，不应当列入资产负债表。

（3）资产的分类

企业的资产按其流动性，可以分为流动资产和非流动资产。

流动资产：流动资产是指可以在一年或者超过一年的一个营业周期内变现或者耗用财务会计与管理决策的资产，主要有：①库存现金，企业存放在财会部门的库存现金；②银行存款，企业存放在银行或其他金融机构的各种存款；③交易性金融资产，企业为了近期内出售而持有的、以赚取差价为目的所购买的有活跃市场报价的股票、债券、基金等投资；④应收及预付款，包括应收票据、应收账款、预付账款、应收股利、应收利息、其他应收款等；⑤存货，企业在生产经营过程中为销售或者耗用而储存的各种资产，包括库存商品、半成品、在产品，以及各类原材料、周转材料等。

非流动资产：不能在一年或者超过一年的一个营业周期内变现或者耗用的资产。主要有：①持有至到期投资，到期日固定、回收金额固定或可确定，且企业有明确意图和能力持有至到期的非衍生金融资产；②供出售金融资产，初始确认时即被指定为可供出售的非衍生金融资产，以及除以公允价值计量且其变动计入当期损益的金融资产、持有至到期投资、贷款和应收款项以外的金融资产；③投资性房地产，为赚取租金或资本增值，或两者兼有而持有的房地产；④固定资产，为生产商品、提供劳务、出租或经营管理而持有的，使用寿命超过一个会计期间的有形资产（包括房屋及建筑物、机器设备、运输设备、工具器具等）；⑤无形资产，企业拥有或者控制的、没有实物形态的可辨认的非货币性资产（包括专利权、非专利技术、商标权、著作权、土地使用权等）。

2.负债

（1）负债的定义

负债是指企业过去的交易或者事项形成的、预期会导致经济利益流出企业的现时义务。根据负债的定义，负债具有以下三方面的特征。

①负债是企业承担的现时义务：现时义务是指企业在现行条件下已承担的义务。未来发生的交易或者事项形成的义务不属于现时义务，不应当确认为负债。

②负债的清偿会导致经济利益流出企业：负债是企业所承担的现实义务，履行义务时必然会引起企业经济利益的流出。否则，就不能作为企业的负债来处理。

③负债由过去的交易或者事项所形成：负债是企业过去的交易或者事项所形成的结果。过去的交易或者事项包括购买商品、使用劳务、接受贷款等。预期在未来发生的交易或者事项不形成负债。

（2）负债的确认条件

符合负债定义的义务，在同时满足以下条件时，确认为负债。

①与该义务有关的经济利益很可能流出企业。

②未来流出的经济利益的金额能够可靠地计量：符合负债定义和负债确认条件的项目，应当列入资产负债表；符合负债定义，但不符合负债确认条件的项目，不应当列入资产负债表。

（3）负债的分类

负债按其流动性，可分为流动负债和长期负债。

流动负债：在一年或超过一年的一个营业周期内偿还的债务，包括短期借款、应付票据、应付账款、预收账款、应付职工薪酬、应交税费、应付利息、应付股利、其他应付款等。

长期负债：偿还期在一年或超过一年的一个营业周期以上的债务，包括长期借款、应付债券、长期应付款等。

3.所有者权益

（1）所有者权益的定义

所有者权益是指企业资产扣除负债后由所有者享有的剩余权益。公司的所有者权益又称为股东权益。所有者权益的来源包括所有者投入的资本、直接计入所有者权益的利得和损失、留存收益等。

所有者投入的资本：所有者投入的资本既包括所有者投入的、构成注册资本或股本部分的金额，也包括所有者投入的、超过注册资本或股本部分的资本溢价或股本溢价。

直接计入所有者权益的利得和损失：即不应计入当期损益、会导致所有者权益发生增减变动的、与所有者投入资本或者向所有者分配利润无关的利得或损失。其中，利得是指由企业非日常活动所形成的、会导致所有者权益增加的、与所有者投入资本无关的经济利益的流入；损失是指由企业非日常活动所发生的、会导致所有者权益减少的、与向所有者分配利润无关的经济利益的流出。

留存收益：企业历年实现的净利润中留存于企业的部分，主要包括盈余公积和未分配利润。

（2）所有者权益的确认条件

所有者权益的确认依赖于其他会计要素，尤其是资产和负债要素的确认。所有者权益的金额也主要取决于资产和负债的计量。所有者权益项目应当列入资产负债表。

（3）所有者权益的分类

所有者权益按其构成的内容，可以分为以下四个项目。

实收资本（股本）：所有者投入的、构成注册资本或股本的部分。

资本公积：投资人投入的资本溢价或股本溢价，直接计入所有者权益的利得和损失。

盈余公积：按国家有关规定从税后利润中提取的公积金等。

未分配利润：企业留于以后年度分配的利润或待分配利润。

4.收入

（1）收入的定义

收入是指企业在日常活动中形成的、会导致所有者权益增加的、与所有者投入资本无关的经济利益的总流入。根据收入的定义，收入具有以下特征。

收入由企业日常活动所形成：日常活动，是指企业为完成其经营目标所从事的经常性的活动，以及与之相关的活动。例如工业企业制造并销售产品、商业企业销售商品等。

收入会导致经济利益的流入：收入使企业资产增加或者负债减少，但这种经济利益的流入不包括由所有者投入资本的增加所引起的经济利益流入。

收入最终导致所有者权益增加：因收入所引起的经济利益流入，使得企业资产增加或者负债减少，最终会导致所有者权益增加。

（2）收入的确认条件

符合收入的定义，确认收入要同时满足以下条件。

①与收入相关的经济利益很可能流入企业。

②经济利益流入企业的结果会导致企业资产增加或者负债减少。

③经济利益的流入额能够被可靠计量。符合收入定义和收入确认条件的项目，应当列入利润表。

（3）收入的分类

收入按其取得的来源分为主营业务收入和其他业务收入。

主营业务收入：又称基本业务收入，指企业在主要的生产经营业务中产生的收入。例如工业企业在生产和销售商品的过程中所取得的收入。

其他业务收入：指企业在主营业务以外的生产经营活动中产生的收入。例如材料转售收入、技术转让收入、固定资产的出租收入等。

5.费用

（1）费用的定义

费用是指企业在日常活动中发生的、会导致所有者权益减少的、与向所有者分配利润无关的经济利益的总流出。根据费用的定义，费用具有以下特征。

费用是企业日常活动中所发生的：包括销售成本、职工薪酬、折旧费用等。

费用会导致经济利益的流出：费用使企业资产减少或者负债增加，但这种经济利益的流出不包括向所有者分配利润引起的经济利益流出。

费用最终导致所有者权益减少：因费用所引起的经济利益流出使得企业资产减少或者负债增加，最终会导致所有者权益减少。

（2）费用的确认条件

符合费用的定义，在同时满足以下条件时，确认为费用。

①与费用相关的经济利益很可能流出企业。

②经济利益流出企业的结果会导致企业资产减少或者负债增加。

③经济利益的流出额能够可靠计量。

（3）符合费用定义和费用确认条件的项目，应当列入利润表

费用的确认应当注意：

①企业为生产产品、提供劳务等发生的可归属于产品成本、劳务成本等的费用，应当在产品销售收入、劳务收入等确认时，将已销售产品、已提供劳务的成本等计入当期损益。

②企业发生的支出不产生经济利益的，或者即使能够产生经济利益但不符合或者不再符合资产确认条件的，应当在发生时确认为费用，计入当期损益。

③企业发生的交易或者事项导致其承担了一项负债而又不确认为一项资产的，应当在发生时确认为费用，计入当期损益。

（4）费用的分类

可分为营业支出、期间费用和资产减值损失。

营业支出：即营业成本和营业税金及附加。其中，营业成本是指已销售商品、已提供劳务等经营活动发生的生产（劳务）成本。生产成本包括直接费用和间接费用。直接费用是指为生产商品和提供劳务等发生的直接人工、直接材料、商品进价和其他直接费用。直接费用与营业收入有明确的因果关系，应直接计入生产经营成本，与营业收入进行配比。间接费用是指为生产商品、提供劳务而发生的共同性费用。这些费用同提供的商品与劳务也具有一定的因果关系，但需要采用一定的标准分配计入生产经营成本，并与营业收入相配比。

期间费用：包括企业行政管理部门为组织和管理生产经营活动而发生的管理费用、为筹集资金等而发生的财务费用、为销售商品和提供劳务而发生的费用。由于期间费用与会计期间直接相连，所以期间费用与其发生期的收入相配比，在当期的利润中应全额予以抵减。

资产减值损失：即资产已发生的不能带来经济利益的减值损失。

6.利润

（1）利润的定义

利润是指企业在一定会计期间的经营成果。利润包括收入减去费用后的净额、直接计入当期利润的利得和损失等。其中：

①收入减去费用后的净额，反映了企业日常经营活动的业绩。

②直接计入当期利润的利得和损失，是指应当计入当期损益、会导致所有者权益发生增减变动、与所有者投入资本或者向所有者分配利润无关的利益或者损失。

（2）利润的确认条件

利润的确认主要依赖于收入、费用、利得和损失的确认。利润金额取决于收入和费用直接计入当期利润的利得和损失金额的计量。利润项目应当列入利润表。

（3）利润的分类

利润通常包括以下项目。

营业利润：即营业收入减去营业成本、营业税金及附加、期间费用和资产减值损失，加上公允价值变动收益（减损失）和投资收益（减损失）后的余额。

利润总额：即营业利润加营业外收支差额后的余额。

净利润：即利润总额减去所得税费用后的差额。

会计要素的划分，是设置会计科目和账户、构筑基本会计报表框架的依据，在会计核算上具有重要的意义。

（二）会计要素的计量

1.可变现净值

可变现净值是指在正常生产经营过程中，以资产预计售价减去进一步加工成本和预计销售费用及相关税费后的净值。在可变现净值计量下，资产按照其正常对外销售所能收到现金或者现金等价物的金额扣减该资产至完工时估计将要发生的成本、估计的销售费用及相关税费后的金额计量。可变现净值通常应用于存货资产减值情况下的后续计量。

2.现值

现值是指对未来现金流量以恰当的折现率进行折现后的价值，是考虑货币时间价值的一种计量属性。在现值计量下，资产按照预计从其持续使用和最终处置中所取得的未来净现金流入量的折现金额计量，负债按照预计期限内需要偿还的未来净现金流出量的折现金额计量。

3.公允价值

公允价值是指在公平交易中，熟悉情况的交易双方自愿进行资产交换或者债务清偿的金额。在公允价值计量下，资产和负债按照在公平交易中熟悉情况的交易双方自愿进行资产交换或者债务清偿的金额计量。

（三）会计的基本等式

一个企业要开展生产经营活动，首先必须拥有一定数量的资产，如库存现金、银行存款等货币资金，或者材料、机器设备等实物资产等。资产是企业正常经营的物质基础。通常，企业的资产主要依托投资者的原始投入。此外，企业还可以通过向债权人举债的方式来获取资产。显而易见，企业资产的来源无外乎投资者和债权人这两大途径。

权益，是指资产的提供者对企业资产所拥有的权利。权益和资产密切相连，是对同一个企业的经济资源从两个不同的角度所进行的表述。资产表明的是企业经济资源存在的形式及分布情况。而权益则表明的是企业经济资源所产生的利益的归属。因此资产与权益从数量上总是相等的，有多少资产就应有多少权益，用公式表示即为：资产＝权益。

由于企业资产的出资人包括投资者和债权人，因而对资产的要求权自然分为投资者权益和债权人权益。债权人权益即负债，是要求企业到期还本付息的权利。投资者权益或所有者权益是指所有者对企业资产抵减负债后的净资产所享有的权利。所有权与债权人享有的索偿权从性质上完全不同，债权人对企业资产有索偿权，投资者提供的资产一般不规定偿还期限，也不规定企业应定期偿付的资产报酬，但享有在金额上等于投入资本加上企业自创立以来所累计的资本增值。因此，所有者权益又称净权益。权益由负债和所有者权益组成，用公式表示即为：权益＝负债＋所有者权益。

基于法律上债权人权益优于所有者权益，则公式表达为：资产＝负债＋所有者权益。

这一等式称会计基本等式，又称会计恒等式。它表明了资产、负债和所有者权益三个会计要素之间的基本关系，反映了企业在某一特定时点所拥有的资产及债权人和投资者对企业资产要求权的基本状况。这一等式是设置账户、复式记账和编制资产负债表的理论依据。企业运用债权人和投资者所提供的资产，经营运作后获得收入，同时以发生相关费用为代价，将一定期间实现的收入与费用配比，就能确定该期间企业的经营成果。用公式表示如下：收入－费用＝利润（亏损）。

如前所述，凡是收入，会引起资产的增加或是负债的减少，进而使所有者权益增加；凡是费用，会引起资产的减少或是负债的增加，进而使所有者权益减少。因此，在会计期间，会计恒等式又有如下的转化形式：资产＝负债＋所有者权益＋（收入－费用）。资产＝负债＋所有者权益＋利润。

收入与费用两大会计要素记载的经济业务事项，依据配比原则并通过结账形成利润，最终转化为所有者权益。因此，在会计期末，会计恒等关系又恢复至其基本形式，即为：资产＝负债＋所有者权益。

四、财务会计的社会影响因素

财务会计作为一个人造的经济信息系统，不可避免地会受到其所处的客观社会环境的影响。社会环境对财务会计的影响主要是通过经济因素、政治因素、法律因素、社会文化因素、教育因素及科技因素的影响来实现的。

（一）政治因素

政治因素对财务会计的影响呈现出波动性。虽然随着世界各国都已经将经济发展作为首要问题加以考虑，政治因素对于财务会计的影响能力已经呈现出弱化的趋势，但是政治因素还是会通过经济因素、法律因素等其他因素来间接地影响财务会计。

（二）法律因素

当今世界各国采用的主要是成文法系和判例法系。实行成文法系的国家，其会计原则和会计实务所受到的法律的影响往往是广泛而深刻的。而实行判例法系的国家，法律对于财务会计的规定一般较少且多数是原则性的规定。

（三）社会文化因素

社会文化因素是指社会环境中的社会风俗、文化、风尚和道德观念等因素。社会文化因素对财务会计的影响往往是以潜意识的方式实现的。

（四）教育因素

教育因素包括教育结构、教育导向、教育体制、教育水平等。一般而言，一个国家或地区的教育水平越高，财务会计的水平也就越高。

（五）科技因素

科学技术对财务会计的影响包括观念上的影响、会计政策选择上的影响及会计技术上的影响。

财务会计在受到其所处的社会环境的影响和制约的同时，也会对社会环境产生积极的反作用。这种反作用主要表现为社会环境的不断发展和完善。

所谓的反作用是指：财务会计对社会环境产生积极的反作用表现为，如将科学技术运用于财务会计理论和实务的过程在丰富了这些技术本身的同时，也对其提出了新的要求；财务会计所提供的真实和公允的信息对于促进社会资源（包括人力资源）的优化配置、促进市场经济的公平和效率发挥着积极的作用；财务会计在受到法律约束的同时，也会促使法律法规不断完善等。

五、财务会计的管理原则

（一）依法理财原则

依法理财是指企业的各种财务活动都要符合国家法律、法规和有关制度要求，并接受财政税务机关的检查和监督。一方面，企业要运用法律保护自己，维护自身权益，顺利地开展各项财务管理工作；另一方面，企业财务部门要遵纪守法，维护国家和社会的利益。市场经济既是开放性的商品经济，也是信用经济和法治经济。公司财务管理人员应该具有较高的政治法律素质，科学、有效地做好财务工作。

（二）节约原则

无论什么企业，股份公司制企业或非股份公司制企业，大企业或小企业，国有、私营或集体企业，都应坚持节约原则。节约是企业在满足生产经营对资金需求的前提下，降低成本费用，提高资产收益率。节约原则实质就是经济效益原则，它要求企业在生产经营和财务活动中讲求资金投入与产出的比较，以尽可能少的劳动垫支和劳动消耗，创造出尽可能多、尽可能好的劳动成果，以增强企业经营实力。

（三）发展原则

发展是硬道理。企业如果不发展，就无法在市场经济的激烈竞争中生存。财务管理的发展原则要求企业自强自勉、奋斗不息、永远向前。所以，企业不仅要适时地增大直接实物资产的投资，而且要适时地不断增大无形资产和金融资产的投资。公司财务管理人员要时刻以远大的目光组织财务活动、处理财务关系，使公司始终处于良好的运转状态。

（四）均衡原则

坚持财务均衡原则，就是要求企业资产收益与其风险之间要协调相称，资金结构要协调合理，各项财务活动之间要相互配合，资金归口分级管理的责任和权利相结合，使企业的获利能力、偿债能力和营运能力处于最优状态。财务上的均衡是指经济主体实现其目标的行为处于一种协调、稳定的最优状态。财务均衡实际是一种不断发展变化的带有时间变量的动态经济模型。当企业财务运行处于均衡时，一般是盈利最大或损益最小。当企业盈亏平衡时，出现收支相等，但企业不一定处于财务均衡状态。只有资金运行在数量、结构、时间和空间上均处于协调、相称的最优状态时才称为均衡。

第二节　财务会计概念框架

一、对构建财务会计概念框架的认识

财务会计概念框架，也称财务会计概念结构（Conceptual Framework of Financial Accounting，CFFA或CF），是研究财务会计准则的理论依据，是直接用来评估现有的会计准则、发展未来会计准则的，CF作为一个专门术语是美国财务会计准则委员会（Financial Accounting Standards Board，FASB）首先提出的。

作为理论体系的概念框架研究的意义体现在以下四方面。

（一）为分析、评估和指导会计准则的发展提供一个"规范性"的理论基础

例如，FASB在概念框架研究计划中明确申明：这些概念"将能够指导首尾一贯的会计准则，并且将说明财务会计和财务报表的性质、作用和局限性……制定、解释和应用会计和报告的准则将反复印证这些概念"。这样，概念框架将促使准则制定机构保持有关准则文告的内在逻辑一贯性，减少或避免不同准则的冲突，限制实务中相同交易的多种处理方法程序，尽可能做到规范化。

　　财务会计区别于管理会计的一个重要标准是其具有一套统一的操作规范。财务会计概念框架通过对具体会计规范（会计准则或会计制度等）的作用来规范财务会计实务。这里规范有三层意思：一是具体会计规范的制定要以财务会计概念框架作为理论指导，随着经济社会的不断进步和发展，新的交易和事项会不断出现，为规范这类交易和事项的会计确认、计量、记录和报告，制定相应的会计规范就离不开财务会计概念框架的理论指导；二是已有的会计具体规范由于各种原因不能保证会计信息的质量要求时需要修改完善，此时也需要财务会计概念框架作为理论指导；三是当实务中出现的交易和事项现有通用会计规范没有涵盖时，相应会计规则的制定就势在必行，此时的依据仍然是财务会计概念框架。

　　为什么要制定财务会计概念框架？对于制定目的，各国准则制定机构有不同的表述，如表1-1所示。

表1-1　各国准则制定机构的目标

准则制定机构	财务会计概念框架的主要目的或作用
美国 FASB	概念框架是用来考虑各种准则备选方案优点的共同基础和基本推理，并指导新的会计准则的制定；可对现有的准则进行评估；在缺乏权威公告时作为解决会计问题的指南
加拿大 CICA	对那些指导建立和使用通用目的的会计原则的概念进行描述，以便建立财务报表的会计准则
英国 ASB	为 ASB 制定和审查会计准则提供内在一致的参考框架；在特殊情况下为选择不同的会计处理方法提供依据
澳大利亚 AASB	会计概念公告确定了通用目的财务报告必须遵守的基本概念

　　以上各国的表述有差异，但共同点都是为制定会计准则提供理论指导。

（二）可以节约准则制定成本

　　"节约"说的是一套科学的财务会计概念框架可以减少会计实务对大量具体准则的需求，从而节约具体会计准则制定和执行成本，提高会计准则的制定和执行效率。由于经济形势变化迅速，往往有许多具体的会计准则难以及时适应会计实务的发展。如果有一套严密的概念结构，可以相对减少准则文告的数量与复杂性，或者在某些特殊场合或环境条件变化之时，可以为特定会计问题的实务处理提供一定的指南。

（三）有助于使用者理解财务会计和财务报告

概念框架可以增进报表提供者和使用者之间的沟通，帮助使用者了解财务会计与报告的一些基本概念和原理，理解财务报表各项目指标或会计信息的含义、作用与局限性，据以做出恰当的分析判断和正确的经济决策。显然，使用者对财务报告的理解越全面和充分，他们就越有能力有效地运用会计信息，减少对会计准则制定与执行的抵触。所以，概念框架"可望加强财务会计报告的有用性，并赢得人们的信任"。

（四）抵制利益集团的政治压力

会计准则涉及不同集团的利益，其制定过程往往被认为带有政治色彩或者是一个政治过程。不同的利益集团都试图施加压力来干预准则的制定，也包括通过立法机构或政府出面接管会计准则的制定权限。会计准则制定者唯一能够用来抵抗在准则过程中出现的政府干预就是证明其建立的会计准则来源于一套理论框架。否则，如何来劝说这些行业政客，使他们相信对他们行业不利的准则要比没有这些准则更好。所以，对民间性准则制定机构来说，应付这一方面挑战的关键对策，就是为财务会计或财务报告建立一套能够为各方面利益集团普遍认可、接受的概念框架，缓和或抵消各方面的政治压力。

正是由于财务会计概念结构具有指导会计准则制定与应用的作用，各个会计准则制定机构都坚信，只要建立了财务会计概念结构，就可据以形成一套完善且内在一致的质量较高的会计准则，并通过会计准则指导会计实务，最终实现财务报告的目标。因此，FASB认为：财务会计概念结构是由互相关联的目标和基本概念所组成的逻辑一致的体系，这个体系能用来引导前后一贯的会计准则，并指出财务会计于财务报表的性质、作用与局限性。该委员会希望它所制定的概念结构能"指导机构负责建立会计准则"。ASB则认为：概念结构确立了指导对外财务报表编报的概念。其主要目的是为会计准则委员会制定与审查会计准则提供一个内在一致的参考结构。它还可以在特殊情况下为选择不同的会计处理方法提供依据。该委员会希望它所制定的概念结构"可以帮助委员会发展未来会计准则和评价现行会计准则，为委员会减少立法和会计准则所允许的多种备选处理方案提供基础"。IASC则希望它制定的概念结构能够"帮助国际会计准则理事会发展今后的国际会计准则和复议现有的国际会计准则，为减少国际会计准则所允许的备选会计处理方法的数目提供基础，借以协助国际会计准则委员会理事会倡导协调与编报财务报表有关的法规、会计准则和程序"。

应当明确，财务会计概念结构对会计准则的指导作用也有一定的局限性。因为会计准则虽然在性质上是一个技术性规范，但它的制定在一定程度上仍然无法完全摆脱政治干预和政治谈判的影响。同时，会计环境因素会影响人们对概念结构的理解，因而，财务会计概念结构作用的发挥也会受到一定的影响。这就是说，概念结构并非万能的，并不能解决所有的会计问题。

二、构建我国财务会计概念框架的思考

（一）财务会计概念框架的有关讨论

我国自20世纪80年代末期开始会计准则的系统研究以来，学术界和实务界围绕是否应该拥有中国的财务会计概念框架一直存在争论。特别是我国《企业会计准则》实施后，对这一问题的研究愈加深入。围绕这一问题的讨论主要有三个方面：一是关于财务会计概念框架与会计理论的关系如何认识；二是关于制定我国财务会计概念框架的基本方式，究竟是以《企业会计准则——基本准则》代替财务会计概念框架，还是专门制定财务会计概念框架；三是关于我国财务会计概念框架的基本内容及其会计层次的划分问题。其中最突出的是会计基本准则与概念框架的关系问题。

特别是由于《企业会计准则》运行效果并不十分理想，人们在探求其出路时，概念框架就顺理成章地成为会计理论研究的热点，以至于怎样处理《企业会计准则》与财务会计概念框架之间的关系，仍是目前会计理论界争论的焦点问题。有人认为可将《企业会计准则》称为我国的"财务会计概念框架"。对此，我们尚有疑问。

从中西方会计准则体系比较来看，美国、英国等许多国家包括国际会计准则委员会，都把概念框架作为一份（或一系列）单独的会计文件独立于会计准则进行公布，只不过各国对概念框架的称呼不一样，而我国则将会计的基本概念归集

到基本准则之中，并没有另外单独公布财务会计概念框架。另外，从我国基本会计准则的功能来看，基本会计准则统驭具体会计准则，具体会计准则的制定是以基本会计准则为依据的。

我国会计理论界主要有三种观点。①"同一论"：将《企业会计准则》认同为我国的财务会计概念框架，并对其进行适当修改；②"并存论"：在对《企业会计准则》进行适当修改的基础上，再构建一份概念框架，这样我国的会计准则体系就分成了三个组成部分，即财务会计基本前提概念、基本准则、具体会计准则；③"替代论"：取消《企业会计准则基本准则》，重新构建我国的"财务会计概念框架"，并且，不再赋予其基本会计准则的身份。

对于"同一论"，前文已进行了剖析，在此不再赘述；对于"并存论"，其做法在现实中也无必要，一是容易导致一些不必要的重复与矛盾；二是会增加会计准则与会计理论之间相互协调的难度。这里赞同第三种做法，即"替代论"，理由如下：①财务会计概念框架的形式可以避免基本会计准则理论深度不够、理论阐述不多，有些原则空泛抽象、缺乏可操作性的弊端，摆脱因具体会计准则的修改而不断修改的局面。而且在财务会计概念框架中，可以对一些重要理论问题进行充分论述，以便在理论发展的基础上，对实践起指导作用。②运用财务会计概念框架形式，可以避免基本会计准则与具体会计准则的重复问题，加强会计约束机制的严肃性。因为基本会计准则中包括的许多内容可以在具体会计准则中得到体现，如对会计要素的定义、确认与计量，在具体会计准则的要素准则中必然要涉及。③以财务会计概念框架取代基本会计准则之后，也就不存在所谓基本会计准则的适用范围问题，而是将其作为评估、理解和发展具体会计准则的理论依据。④以财务会计概念框架取代基本会计准则，可增强会计信息使用者对财务报告所提供信息的理解，便于广大会计人员对具体会计准则的理解。

（二）我国的财务会计概念框架的构建

借鉴国际研究成果，结合我国国情，我们认为，我国的财务会计概念框架应由以下三个层次构成。

第一层次，主要包括会计目标、会计对象和会计假设三项内容。会计目标，主要应确定：①谁是会计信息的使用者？②会计信息使用者需要什么信息？③财务会计可提供什么信息？在充分考虑会计对象和会计假设的情况下，会计目标对具体会计准则的制定起着指引方向的作用。我国的财务会计目标应定位于三个目标：国家宏观调控需要、外部利益相关者需要、企业内部经营需要。会计对象，即会计所要反映和管理的内容。会计假设，是由财务会计所处的经济环境（市场经济）所决定的若干基本前提，这些基本概念代表了财务会计的基本特征。会计目标、会计对象、会计假设，都受会计环境的影响决定；会计对象来自财务会计的客观环境，三者相互作用、相互影响，处于同等地位，所以会计目标、会计对象、会计假设构成财务会计概念框架的第一层次。

第二层次，主要包括三部分内容，即会计要素、会计信息质量特征和会计核算的一般原则。受基本假设的制约，考虑财务会计的目标，会计对象便具体化为财务会计的要素。为了实现会计目标，保证会计信息的有用性，会计信息应具备规定的质量特征。为了正确地进行会计要素的确认、计量，提供有用的会计信息，会计核算必须坚持一般原则。

第三层次，主要包括会计要素的确认、计量、记录与财务报告四部分内容。根据确认与计量的概念和标准，将应由财务会计系统处理的数据按照会计要素的定义与特性，分别当作不同会计要素及其所属的账户来计量、记录，并通过会计报表和其他财务报告等手段，转变为有用的会计信息，传递给会计信息使用者，这就是财务会计的最终要求。因此，这一系列的会计处理过程构成了财务会计概念的第三层次，也是最终层次。

第二章　货币资金与存货

第一节　货币资金

一、货币资金的内容

货币资金是指企业在生产经营过程中以货币形态存在的那部分资产。货币资金按其用途和存放地点不同，可分为库存现金、银行存款和其他货币资金。

库存现金是指存放在企业的人民币现金和外币现钞。

银行存款是指存放在银行或其他金融机构的货币资金。

其他货币资金是指除库存现金、银行存款以外的可用于支付的各种其他货币资金，包括外埠存款、银行汇票存款、银行本票存款、信用卡存款和存出投资款。

货币资金是企业在日常交易过程中必须有的一部分资产。在企业日常的经营活动中，会发生大量的有关货币资金的收付款业务，如购买原材料、购置设备、支付职工薪酬和各种费用、缴纳税金、归还银行借款等会发生货币资金的支付，销售产品、接受投资等会发生货币资金的收款。为了保证企业经营的连续性，企业必须拥有一部分货币性资产。企业的货币资金拥有量也是企业支付能力大小的标志，是投资者分析企业财务状况好坏的重要标准之一。

二、货币资金的内部控制制度

（一）职责分工和职权分离制度

货币资金收支应由出纳人员和会计人员分工负责，分别办理，职责分离。应设置专职出纳员负责货币资金的收支和保管、收支原始凭证的保管和签发及日记账的登记。会计不得兼任出纳，出纳人员不得兼任稽核、会计档案保管和收入、支出、费用、债权债务账目的登记工作，单位不得由一人办理货币资金业务的全过程。

（二）配备合格人员，实行定期轮岗制度

企业办理货币资金业务，应当配备合格人员，并根据单位具体情况进行岗位轮换。办理货币资金业务的人员应当具有良好的职业道德，尽忠职守，遵纪守法，客观公正，不断提高会计业务素质和职业道德水平。

（三）授权和批准制度

单位应当对货币资金业务建立严格的授权和批准制度，单位各级工作人员，必须经过授权和批准，才能对有关经济业务进行处理，未经授权和批准，不允许接触这些业务。要规定各级管理人员的职责范围和业务处理权限，同时也要明确各级管理人员所承担的责任，使他们对自己的业务处理行为负责。审批人应当在授权范围内进行审批，不得超越审批权限，经办人员应当在这种范围内，按照审批人的批准意见办理货币资金业务，对于审批人超越授权范围审批的货币资金业务，经办人有权拒绝，并向审批人的上级授权部门报告。对于单位重要的货币资金业务，应当实行集体决策和审批。

（四）内部记录和核对制度

所有货币资金的经济业务必须按会计制度的规定进行记录，并且各种收付款业务应集中到会计部门办理，任何单位和个人不得擅自出具收款或付款凭证。记录经济业务时，必须按照一系列措施和方法，遵循规定的程序办理货币资金支付业务，把好支付申请、支付审批、支付办理三道关，以保证会计记录的真实、及时和正确。

出纳员要自觉进行经常性的对账工作，每日货币资金的账面数字和实际数字应定期核对相符，每月都要向银行索要各存款户的对账单，并编制银行存款余额调节表，调节未达账项。如有调节不符，应及时查明原因，及时处理。内审人员应负责收支凭证和账目的定期审计和现金突击盘点及银行存款账的定期核对。

（五）安全制度

对货币资金必须有健全的保护措施，有专人负责保管，有专人进行内部监督。货币资金收付和保管只能由出纳员负责，其他人员非经单位集体特别授权，不得接触货币资金。出纳员应对购入票据及时登记，统一编号，妥善保管，开具票据时必须按编号顺序连续使用，对已使用和作废的银行结算票据要在登记簿上做详细记录，在作废票据上加盖"作废"章，全份保存，并详细登记，由领用人签名做证。银行预留印鉴分别由两人掌管，财务专用章由出纳员保管，法人章由财务部指定专人保管，建立复核制度，定期审查有关凭证的填制、记账和算账工作。

（六）严密的收支凭证和传递手续

货币资金的收支事项，均应有一定的收支凭证和传递手续，使各项业务按正常渠道运行。每笔收款都要开票，每笔支出都要有单位负责人审批、会计主管审批、会计人员复核，尽可能使用转账结算，现金结算的款项要及时送存银行。出纳员收妥每笔款项后应在收款凭证上加盖"收讫"章，支付每一笔款项都应以健全的凭证和完善的审批手续作为依据，付款后，必须在付款凭证上加盖"付讫"章。

三、库存现金的管理

库存现金是存放在企业财务部门，由出纳保管的现款，包括人民币现金和外币现金。

库存现金是企业资产中流动性最强的一种货币性资产，既可用于支付各项费用和清偿债务，也可以用于流通，购置各种物品。现金作为一种交换媒介，具有普遍的可接受性，一旦被人侵占，可以不经任何改变，就被任何人占有，因此，企业应加强库存现金的管理和控制，保证其安全性和完整性。

（一）库存现金的支付范围

一个企业的支付业务既多且复杂，并不是所有的支付业务都可以用现金来支付，现金使用要遵循其使用范围的规定。按照国务院颁布的《现金管理暂行条例》的规定，企业可以使用现金的范围有：

1.支付给职工的工资、津贴。

2.个人劳务报酬，包括稿费和其他专门的工作报酬。

3.根据国家规定发给个人的科学技术、文化艺术、体育等奖金。

4.各种劳保、福利费以及国家规定的对个人的其他支出。

5.向个人收购农副产品和其他物资的价款。

6.出差人员必须携带的差旅费。

7.结算起点（1000元）以下的零星开支。

8.中国人民银行确定需要支付的其他支出。

属于上述现金支付范围内的支出，企业可以根据需要向银行提取现金支付，不属于上述现金结算范围内的其他款项结算必须通过银行进行转账结算。

（二）库存现金限额

库存现金限额是指为保证各单位日常零星开支按规定允许保留库存现金的最高限额。库存现金限额由开户单位提出申请，由开户银行根据开户单位的实际需要和距离银行远近审查核定，其限额一般按照单位3～5日日常零星开支所需要的现金确定，边远地区和交通不便的单位可以适当放宽，但最多不超过15日单位日常零星开支的现金需要量。企业每天的现金结存数，不得超过核定的限额，超过部分必须及时送存银行，不足限额时，可以签发现金支票向银行提取现金补足。

（三）不准坐支现金

坐支现金是指直接从收入的现金中支付支出的做法。按照我国对现金管理的有关规定，单位一般不允许坐支现金。单位的现金收入和支出应该是两条线操作，即单位取得的小额销货款等现金收入应及时送存银行，单位日常职工预借差旅费或小额费用报销所要开支的现金支出应从库存现金限额中开支，不足部分从银行提取现金。这是因为坐支现金使银行无法准确掌握各单位的现金收入来源和支出用途，干扰开户银行对各单位现金收付的管理，扰乱了国家金融秩序。

企业因特殊情况需要坐支现金的，应当事先报经开户银行审查批准，由开户银行核定坐支范围和金额。为了加强银行的监督，企业向银行送存现金时，应在缴款单上注明款项的来源，从开户银行提取现金时，应当在现金支票上注明用途，由本单位财务负责人签字盖章，经开户银行审核后予以支付现金。

（四）库存现金管理的其他规定

不得违规携带现金在外地采购；不得使用不符合财务制度规定的凭证顶替库存现金（白条抵库）；不准谎报用途套取现金；不准用银行账户代其他单位和个人存入或支取现金；不准将单位收取的现金以个人名义存入银行；不准保留账外公款，私设"小金库"等。

四、银行存款账户的管理

（一）银行账户的开设

银行存款是指企业存放在银行或其他金融机构的货币资金，包括人民币存款和外币存款。

企业收入的一切款项，除留存库存现金限额外，其余的都必须送存银行。企业的一切开支，除规定使用现金外，都必须遵守银行结算办法的有关规定，通过银行办理转账结算。银行是全国的结算中心，各企业必须在银行开设账户，以办理存款、取款和转账结算等业务。为了维护金融秩序，规范全国银行账户的开立和使用，中国人民银行制定了《银行账户管理办法》，其规定：一个企业可以根据需要在银行开立四种账户，包括基本存款账户、一般存款账户、临时存款账户和专用存款账户。

基本存款账户是企业为办理日常转账结算和现金收付而开立的银行结算账户。

一般存款账户是企业办理的转账结算账户，可以办理借款转出、借款归还、转账及现金缴存，但不得提取现金。

临时存款账户是企业因临时经营需要而开立的账户，企业可以通过本账户办理转账结算和根据国家现金管理的规定办理现金的收付。企业注册验资、在异地临时有经营活动或设立临时性的机构等情况可以开立临时存款账户，但有效期不超过两年。

专用存款账户是企业因特殊需要开立的账户。按照《银行账户管理办法》的有关规定，只有法律、行政法规规定要专户使用的资金，才纳入专用存款账户的管理。如对基本建设资金、财政预算外资金、粮棉油收购资金等的存款人才可以开立专用存款账户。

一个企业只能开设一个基本存款账户，根据需要可以开立多个一般存款账户，但不得在同一家银行的几个分支机构开立多个一般存款账户。

（二）银行存款账户的管理

企业在开立存款账户后，必须严格执行银行结算纪律的规定。具体内容包括：合法使用银行账户，不得转借给其他单位，不得使用银行账户进行非法活动；不得签发没有资金保证的票据和远期支票，套取银行信用，不得签发、取得和转让没有真实交易和债权债务的票据，套取银行和他人的资金；不准无理拒绝付款、任意占用他人资金；不准违反规定开立和使用账户。

五、其他货币资金的内容

其他货币资金是指除库存现金、银行存款以外的其他各种货币资金，包括银行汇票存款、银行本票存款、信用卡存款、外埠存款、存出投资款等。其他货币资金的性质同库存现金、银行存款一样均属于货币资金，可以用于购物或支付费用，从某种意义上来说，它属于一种银行存款，但它是有专门用途的存款，不能像结算户存款那样可以随时安排使用，应单独设置账户进行核算。

第二节　存货

一、存货

（一）存货的概念和特征

1.存货的概念

存货是指企业在日常活动中持有以备出售的产成品或商品、处在生产过程中的在产品、在生产过程或提供劳务过程中耗用的材料和物料等，包括各类材料、在产品、半成品、产成品、商品，以及包装物、低值易耗品、委托代销商品等。

2.存货的特征

在界定存货的概念时，必须把握存货的以下特征。

（1）存货是有形资产，这使它区别于无形资产。

（2）企业持有存货的最终目的是出售，而不是自用或消耗。这一特征使存货区别于固定资产等非流动资产和在建工程物资等与投资有关的资产。

（3）存货具有较强的流动性。在企业中，存货经常处于不断销售、耗用、购买或重置中，具有较快的变现能力和明显的流动性。

（4）存货具有时效性和发生潜在损失的可能性。在正常的经营活动下，存货能够规律地转换为货币资产或其他资产，但长期不能耗用的存货就有可能变为积压物资或降价销售，从而造成企业的损失。

3.存货的确认

存货在同时满足以下两个条件时，才能加以确认。

（1）该存货包含的经济利益很可能流入企业

企业在确认存货时，需要判断与该项存货相关的经济利益是否很可能流入企业。在实务中，主要通过判断与该项存货所有权相关的风险和报酬是否转移到了企业来确定。其中，与存货所有权相关的风险，是指由于经营情况发生变化造成的相关收益的变动，以及由于存货滞销、毁损等原因造成的损失；与存货所有权相关的报酬，是指在出售该项存货或其经过进一步加工取得的其他存货时获得的收入，以及处置该项存货实现的利润等。

通常情况下，取得存货的所有权是与存货相关的经济利益很可能流入本企业的一个重要标志。例如，根据销售合同已经售出（取得现金或收取现金的权利）的存货，其所有权已经转移，与其相关的经济利益已不能再流入企业，此时，即使该项存货尚未运离本企业，也不能再确认为本企业的存货。又如，委托代销商品，由于其所有权并未转移至受托方，因而委托代销的商品仍应当确认为委托企业存货的一部分。总之，企业在判断与存货相关的经济利益能否流入企业时，主要结合该项存货所有权的归属情况分析确定。

（2）该存货的成本能够可靠地计量

存货作为企业资产的组成部分，要得到确认，企业就必须能够对其成本进行可靠计量。存货的成本能够可靠地计量必须取得确凿、可靠的证据，并且具有可验证性。如果存货成本不能可靠地计量，则不能确认为一项存货。例如，企业承诺的订货合同，由于并未实际发生，不能可靠确定其成本，因此就不能确认为购买企业的存货。又如，企业预计发生的制造费用，由于并未实际发生，不能可靠地确定其成本，因此不能计入产品成本。

（3）下列各项存货属于企业的存货

①已确认为购进但尚未到达、尚未入库的在途存货。

②已入库但未收到有关结算单据的存货。

③已发出但所有权尚未转移的存货。

④委托其他单位代销或代加工的存货。

（二）存货的分类

存货的构成内容很多，且各有特点，在不同的企业中，对各种存货的管理要求也不尽相同。为了加强对存货的核算和管理，应对存货进行科学分类。存货可以按不同的标准进行分类。

1.存货按经济内容分类

（1）原材料是指企业在生产过程中经加工改变其形态或性质并构成产品主要实体的各种原料及主要材料、辅助的材料、燃料、修理用备件（备品备件）、包装材料、外购半成品（外购件）等。

（2）在产品是指企业正在制造尚未完工的生产物，包括正在各个生产工序加工的产品和已加工完毕但尚未检验或已检验但尚未办理入库手续的产品。

（3）半成品是指经过一定生产过程并已检验合格交付半成品仓库保管，但尚未完工成为产成品，仍须进一步加工的中间产品。

（4）库存商品是指工业企业已经完成全部生产过程并已验收入库，可以按照合同规定的条件送交订货单位，或者可以作为商品对外销售的产品。

（5）企业接受来料加工制造的代制品和为外单位加工修理的代修品，制造和修理完成验收入库后，应视同企业的产成品。

（6）商品是指商品流通企业外购或委托加工完成验收入库用于销售的各种商品。

（7）包装物是指为了包装本企业的商品而储备的各种包装容器，如桶、箱、瓶、坛、袋等。其主要作用是盛装、装潢产品或商品。

（8）低值易耗品是指不能作为固定资产核算的各种用具物品，如工具、管理用具、玻璃器皿、劳动保护用品，以及在经营过程中周转使用的容器等。

（9）委托代销商品是指企业委托其他单位代销的商品。

需要注意的是，为建造固定资产等各项工程而储备的各种材料，虽然也具有存货的某些特征（如流动性），但它们并不符合存货的概念，因此，不能作为企业的存货进行核算。企业的特种储备以及按国家指令专项储备的资产也不符合存货的概念，因而也不属于企业的存货。

2.存货按存放地点分类

（1）库存存货，指已经运到企业并已验收入库的各种材料、商品，以及已验收入库的各种半成品和产成品等。

（2）在途存货，指已经支付货款，正在运输途中或已到达企业但尚未验收入库的各种存货。

（3）加工中存货，指企业自行生产加工及委托外单位加工中的各种存货。

（4）委托代销存货，指企业委托其他单位代销，但尚未办理代销货款结算的存货。

（5）寄存的存货，指产权属于企业所有，暂时存放在外单位的存货。

3.存货按来源分类

（1）外购存货。外购存货是指企业从外单位购入并已验收入库的材料、商品等存货。

（2）自制存货。自制存货是指企业自备材料加工完成并验收入库的材料、半成品、产成品等存货。

（3）投资者投入存货。企业委托外单位加工的存货、接受捐赠的存货和盘盈的存货等。

（三）存货成本的初始计量

存货应当按照成本进行初始计量。企业在日常核算中采用计划成本法或售价金额法核算的存货成本，实质上也是存货的实际成本。

1.外购存货成本

企业外购存货主要包括原材料和商品。外购存货的成本即存货的采购成本，指企业物资从采购到入库前所发生的全部支出。外购货物成本包括购买价款、相关税费、运输费、装卸费、保险费，以及其他可归属于存货采购成本的费用。

商品流通企业在采购商品过程中发生的运输费、装卸费、保险费，以及其他可归属于存货采购成本的费用等进货费用，应计入所购商品成本。在实务中，企业也可以先将进货费用进行归集，期末再根据所购商品的存销情况进行分摊。对于已售商品的进货费用，计入主营业务成本；对于未售商品的进货费用，计入期末存货成本。企业采购商品的进货费用金额较小的，可以在发生时直接计入当期销售费用。

（1）购买价款，是指企业购入材料或商品的发票账单上列明的价款，但不包括按规定可以抵扣的增值税进项税额。

（2）相关税费，是指企业购买、自制或委托加工存货所发生的消费税、资源税和不能从增值税销项税额中抵扣的进项税额等。

（3）其他可归属于存货采购成本的费用，即采购成本中除上述各项以外的可归属于存货采购成本的费用，如在存货采购过程中发生的仓储费、包装费、运输途中的合理损耗、入库前的挑选整理费用等。这些费用能分清负担对象的，应直接计入存货的采购成本；不能分清负担对象的，应选择合理的分配方法，分配计入有关存货的采购成本。分配方法通常包括按所购存货的重量或采购价格的比例进行分配。

2.委托加工存货成本

企业通过进一步加工而取得的存货，主要包括直接耗用原材料成本、在产品、半成品、委托加工物资等。其成本由采购成本、加工成本构成。某些存货还包括使存货到达场所和状态所发生的其他成本，如可直接认定的产品设计费用等。

（1）委托外单位加工完成的存货

委托外单位加工完成的存货，以实际耗用的原材料或者半成品、加工费、运输费、装卸费等费用，以及按规定应计入成本的税金，作为实际成本。其在会计处理上主要包括拨付加工物资、支付加工费用和税金、收回加工物资和剩余物资等环节。

（2）自行生产的存货

自行生产的存货的初始成本包括投入的原材料或半成品、直接人工和按照一定方式分配的制造费用。

3.其他存货成本

企业取得存货的其他方式主要包括投资者投入存货的成本，通过非货币性资产交换、债务重组、企业合并等方式取得的存货的成本，以及盘盈存货的成本、通过提供劳务取得的存货的成本等。

（1）投资者投入存货的成本

应当按照投资合同或协议约定的价值确定，但合同或协议约定价值不公允的除外。在投资合并或协议约定价值不公允的情况下，按照该项存货的公允价值作为其入账价值。

（2）盘盈存货的成本

盘盈存货的成本应按其重置成本作为入账价值，并通过"待处理财产损溢"账户进行会计分录处理。按管理权限报经批准后，冲减当期管理费用。

（3）通过提供劳务取得的存货的成本

通过提供劳务取得的存货的成本是按从事劳务提供人员的直接人工和其他直接费用及可归属于该存货的间接费用确定。

4.不计入存货成本的费用

（1）非正常消耗的直接材料、直接人工及制造费用，应计入当期损益，不得计入存货成本。

（2）仓储费用，指企业在采购入库后发生的储存费用，应计入当期损益，但是在生产过程中为达到下一个生产阶段所必需的仓储费用则应计入存货成本。

（四）存货成本的计价方法

企业对于各项存货的日常收、发，必须根据有关收、发凭证，在既有数量又有金额的明细账内，逐项逐笔进行登记。企业进行存货的日常核算有两种方法：一种是采用实际成本法进行核算；一种是采用计划成本法进行核算。

1.实际成本法

存货按实际成本计价指每一种存货的收发结存量都按其取得或生产过程中所发生的实际成本计价。这种计价方法适用于材料品种较少、收料次数不多的企业。在按实际成本计价时，同一种材料因进货批次不同、成本不同而会出现多种价格，而存货管理按存货品类分类保管，所以库存同一品种的存货会有多种价格，因此，企业领用或发出的存货必须选定一种方法进行计价核算。企业领用或发出存货通常有以下计价方法：先进先出法、加权平均法、移动加权平均法、后进先出法、个别计价法。

2.计划成本法

存货按计划成本法计价指存货的收入、发出和结余均按预先制定的计划成本计价，同时另设"材料成本差异"账户，用来核算实际成本和计划成本的差额，同时计划成本法下存货的总分类和明细分类核算均按计划成本计价。

存货采用计划成本法核算，有利于简化会计核算工作，有利于考核采购部门的经营业绩，降低采购成本、节约支出，因此，这一计价方法在大中型制造企业中得到了广泛应用。计划成本法应用是否恰当，直接影响企业财务核算的规范性、真实性，以及反映的财务状况、经营成果、现金流量是否真实。

二、原材料

（一）原材料的内容

原材料是企业在生产过程中经过加工改变其形态或性质并构成产品主要实体的各种原料、主要材料和外购半成品，以及不构成产品实体但有助于产品形成的辅助材料。原材料具体包括原料及主要材料、辅助材料、外购半成品（外购件）、修理用备件（备品备件）、包装材料、燃料等。

（二）原材料收发的原始凭证

1.原材料采购的原始凭证

企业外购材料业务，要办理货款结算和验收入库两个方面的凭证手续。由于货款结算方式不同，材料凭证的处理手续也不相同。

仓库验收材料应填写一式多联的收料单，一联留存仓库，作为登记材料明细账的依据；一联连同发票送交财会部门，作为材料收入核算的依据；一联送交供应部门留存备查。

2.原材料发出的原始凭证

企业仓库发出材料，主要是生产车间和内部其他部门领用；此外，还可能由于对外销售和委托外单位加工等原因发出。对于不同原因的领料和发料业务，都须办理必要的凭证手续。

企业生产车间和内部其他部门领用材料，根据具体情况，可以分别使用出库单、领料单和限额领料单、领料登记表等凭证办理材料领发手续。

（三）原材料收入的核算

1.账户的设置

材料按实际成本计价核算时，材料的收发及结存，无论总分类核算还是明细分类核算，均按照实际成本计价。为了核算存货，应设置"原材料""在途物资""委托加工物资""应付账款""预付账款"等账户。

"原材料"账户用于核算库存各种材料的收发与结存情况。该账户属于资产类账户，在原材料按实际成本核算时，借方登记入库材料的实际成本，贷方登记发出材料的实际成本，期末余额在借方，反映企业库存材料的实际成本。

"在途物资"账户用于企业采用实际成本进行材料、商品等物资的日常核算，尚未到达或尚未验收入库的各种物资的实际采购成本的核算。本账户的借方登记企业购入的在途物资的实际成本，贷方登记验收入库的在途物资的实际成本，期末余额在借方，反映企业在途物资的采购成本。本账户应按照供应单位和物资品种进行明细核算。

"委托加工物资"账户核算企业委托外单位加工的各种材料、商品等物资的实际成本。该账户属资产类账户，借方登记企业委托外单位加工物资的实际成本，贷方登记验收入库的委托加工物资的实际成本，期末余额在借方，反映企业委托外单位正在加工物资的实际成本。本账户应按照加工合同、受托加工单位及加工物资的品种等进行明细核算。

"应付账款"账户用于核算企业因购买材料、商品和接受劳务等经营活动应支付的款项。账户属负债类账户，贷方登记企业因购入材料、商品和接受劳务等经营活动应支付的款项，借方登记偿还的应付账款，期末余额一般在贷方，反映企业尚未支付的应付账款。

"预付账款"账户用于核算企业按照合同规定预付的款项。该账户属负债类账户，借方登记预付的款项及补付的款项，贷方登记收到所购物资时根据有关发票账单记入"原材料"等账户的金额及收回多付款项的金额，期末余额在借方，反映企业实际预付的款项；期末余额在贷方，反映企业应付或应补付的款项。预付款项情况不多的企业，可以不设置"预付账款"账户，而将此业务在"应付账款"账户中核算。

2.外购材料的核算

外购材料应当按照发票账单所列购买价款及相关税费，借记"在途物资"或"原材料"账户，按照税法规定可抵扣的增值税进项税额，借记"应交税费——应交增值税（进项税额）"账户，按照购买价款、相关税费及在外购物资过程中发生的其他直接费用，贷记"库存现金""银行存款""其他货币资金""预付账款""应付账款"等账户。

材料已经收到但尚未办理结算手续的，可暂不做会计分录；待办理结算手续后，再根据所付金额或发票账单的应付金额，借记"在途物资"账户，贷记"银行存款"等账户。

三、原材料按计划成本计价

（一）账户的设置

原材料按计划成本计价是指原材料收入、发出和结存均按计划成本计价核算，要求在原材料日常核算中，原材料收发凭证按计划成本填列，原材料总分类账和明细分类账按计划成本登记，由于材料的计划成本与实际成本产生差异，为了正确核算成本和考核采购业务成果，还须设置"材料采购"和"材料成本差异"账户。在月末计算本月发出材料成本差异后，再将原材料的计划成本调整为实际成本。

"原材料"账户用于核算库存各种材料的收发与结存情况。在材料采用计划成本核算时，本账户借方登记入库材料的计划成本，贷方登记发出材料的计划成本，期末余额在借方，反映企业库存材料的计划成本。

"材料采购"账户属于资产类账户，核算企业购入各种材料物资的采购成本。借方登记已支付的购入材料物资的实际成本，以及结转实际成本小于计划成本的差异额（节约额），贷方登记已经付款并验收入库的材料物资的计划成本，以及结转实际成本大于计划成本的差额（超支额），月末余额在借方，表示已经付款但尚未运到或虽已运到但尚未验收入库的在途物资的实际成本。该账户可按供应单位或材料品种设置明细账进行明细分类核算。

"材料成本差异"账户属于资产类账户，也是材料账户的备抵调整账户，用来核算各种材料的实际成本与计划成本的差异额。借方登记入库材料实际成本大于计划成本的超支额，贷方登记入库材料实际成本小于计划成本的节约额，以及月末结转发出材料应负担的成本差异（超支用蓝字，节约用红字）。期末如为借方余额，反映企业库存材料的实际成本大于计划成本的差异（即超支差异）；如为贷方余额，反映企业库存材料实际成本小于计划成本的差异（即节约差异）。该账户可以按材料类别如"原材料""周转材料"或材料品种设置明细账。

（二）原材料收入的核算

企业外购材料，应当按照发票账单所列购买价款、相关税费，借记"材料采购"账户，按照税法规定可抵扣的增值税进项税额，借记"应交税费——应交增值税（进项税额）"账户，按照购买价款、相关税费，贷记"库存现金""银行存款""其他货币资金""预付账款""应付账款"等账户。

材料已经收到但尚未办理结算手续的，可暂不做会计处理；待办理结算手续后，再根据所付金额或发票账单的应付金额，借记"材料采购"账户，贷记"银行存款"等账户。

因材料短缺应由供应单位、运输等机构赔偿的款项，应根据有关索赔凭证，借记"应付账款"或"其他应收款"账户，贷记"材料采购"账户。因自然灾害等发生的损失和尚待查明原因的途中损耗，先记入"待处理财产损溢"账户，查明原因后再做处理。

（三）原材料发出的核算

采用计划成本进行材料日常核算的企业，日常领用、发出原材料均按照计划成本记账。

由于原材料发出业务比较频繁，为简化核算手续，一般应根据原材料发料凭证，按原材料的领用部门和用途，定期或月末归类汇总，编制发料凭证汇总表。

（四）原材料成本差异的计算和结转

采用计划成本对原材料进行日常核算，发出原材料先按计划成本计价，即按发出原材料的计划成本，借记"生产成本""管理费用""销售费用""委托加工物资""其他业务成本"等账户，贷记"原材料"等账户；月末，再将月初原材料的成本差异和本月取得的原材料形成的成本差异在本月发出原材料和月末结存原材料之间进行分摊，将本月发出原材料和月末结存原材料的计划成本调整为实际成本，计划成本、成本差异和实际成本之间的关系如下：

实际成本=计划成本+超支差异

或　实际成本=计划成本－节约差异

为了便于原材料成本差异的分摊，企业应当计算材料成本差异率，作为分摊材料成本差异的依据。

材料成本差异率及发出材料应分摊的材料成本差异的计算公式如下：

发出材料应负担的成本差异=发出材料的计划成本 × 材料成本差异率

发出材料应负担的成本差异应当按月分摊，不得在季末或年末一次计算。发出材料应负担的成本差异，除委托外部加工发出材料可按照月初成本差异率计算外，应使用本月的实际成本差异率；月初成本差异率与本月实际成本差异率相差不大的，也可按照月初成本差异率计算。计算方法一经确定，不得随意变更。

四、周转材料

（一）周转材料的内容

周转材料是指企业能够多次使用、逐渐转移价值但仍然保持原有形态、不确认为固定资产的材料，如包装物和低值易耗品。

（二）周转材料的核算

1.账户的设置

为了反映周转材料的增减变动及结存情况，企业应设置"周转材料"账户，该账户属于资产类账户，用来核算周转材料的计划成本或实际成本，包括包装物和低值易耗品等。借方登记入库周转材料的计划成本或实际成本，贷方登记发出周转材料的计划成本或实际成本，以及在用周转材料的摊销额，期末余额在借方，反映企业在库周转材料的计划成本或实际成本，以及在用周转材料的摊余价值。该账户可以按"包装物""低值易耗品"设置明细账进行明细核算，采用五五摊销的周转材料，还可设置"在库""在用"和"摊销"三级明细账。包装物和低值易耗品多的企业也可以单独设置"包装物""低值易耗品"账户核算。

2.包装物的核算

（1）包装物的核算范围

包装物是指为了包装本企业商品而储备的各种包装容器，如桶、箱、瓶、坛、袋等。

但是下列包装物，在会计上不作为包装物进行核算：

①各种包装用的材料，如纸、绳、铁丝、铁皮等，应作为原材料进行核算。

②企业在生产经营过程中用于储存和保管产品或商品、材料、半成品、零部件等，而不随同产品或商品出售、出租或出借的包装物，如企业在经营过程中周转使用的包装容器，应按其价值大小和使用年限长短，分别归入固定资产或低值易耗品进行核算。

包装物的核算内容包括：

①生产过程中用于包装产品作为产品组成部分的包装物；

②随同商品出售且不单独计价的包装物；

③随同商品出售且单独计价的包装物；

④出租或出借给购买单位使用的包装物。

包装物数量不多的企业，也可以不设置"周转材料"账户，将包装物并入"原材料"账户核算。各种包装材料，如纸、绳、铁丝、铁皮等，应在"原材料"账户内核算；用于储存和保管产品、材料而不对外出售的包装物，应按照价值大小和使用年限长短，分别在"固定资产"账户或"周转材料"账户核算。

（2）包装物收入的核算

包装物可以采用实际成本核算，也可以采用计划成本核算，企业购入、自制、委托外单位加工完成并已验收入库的包装物，按照"原材料"账户相关规定进行核算。

（3）包装物发出的核算

①生产领用包装物。生产领用包装物，应根据领用包装物的实际成本，借记

"生产成本"账户，按照领用包装物的计划成本贷记"周转材料包装物"，按其差额借或贷"材料成本差异"等账户。

②随同商品出售的包装物。随同商品出售而不单独计价的包装物，应按其实际成本计入销售费用，借记"销售费用"账户，贷记"周转材料——包装物""材料成本差异"等账户。

随同商品出售且单独计价的包装物，一方面应反映其销售收入，计入其他业务收入；另一方面应反映其实际销售成本，计入其他业务成本。

③出租出借的包装物。企业出租或者出借包装物给其他单位使用，是转让其包装物的使用权，出租、出借时一般收取略高于包装物成本的押金，待用户归还时再退还押金。

核算原则：出租包装物的租金收入计入"其他业务收入"，发生的包装物修理费及其价值摊销应计入"其他业务成本"；出借包装物不收取租金，发生的包装物修理费及其价值摊销应计入"销售费用"；企业收取的包装物押金应计入"其他应付款"。

对于逾期未退还的包装物，没收其押金，借记"其他应付款"，贷记"其他业务收入""应交税费——应交增值税（销项税额）"等。

出租或出借的包装物在使用过程中发生的价值损耗应采用一次摊销法或五五摊销法，以后收回使用过的出租和出借包装物时为加强实物管理，应当在备查簿上登记。

3. 低值易耗品

（1）低值易耗品的特点

低值易耗品是指不能作为固定资产的各种用具物品，如工具、管理用具、玻璃器皿，以及在经营过程中周转使用的包装容器等。

低值易耗品的性质属于劳动资料，它可以参加多次生产周转而不改变其原有的实物形态，价值是随着实物的不断磨损逐渐转移到成本、费用中去的；在使用过程中需要进行维修，报废时有一定的残值。从这些方面看，低值易耗品与固定资产是相同的。但低值易耗品又具有品种多、数量大、价值较低、使用年限较短、容易损坏、收发频繁等特点，这又不同于固定资产而与原材料类似。实际工作中，为了简化管理和核算工作，将低值易耗品列入流动资产的存货类，其购入、库存的管理和核算与原材料基本相同，但对其在使用中转移的损耗的价值则采用摊销的方法摊入成本、费用中。

低值易耗品按用途可分为一般工具、专用工具、替换设备、管理用具、劳动保护用品等。

（2）低值易耗品增加的核算

低值易耗品采购、入库，无论是实际成本计价还是计划成本计价，均与原材料的账务处理基本相同。

（3）低值易耗品领用和摊销的核算

低值易耗品从仓库领用发出交有关部门使用之后，即从"在库"转为"在用"阶段，表示低值易耗品已投入使用，这时，就要采用一定的方法将低值易耗品的价值摊入成本。低值易耗品的摊销方法，应按不同低值易耗品价值的大小、使用期限的长短及每月领用数额的均衡性等情况，采用一次摊销法或五五摊销法进行摊销。

五、库存商品

（一）库存商品的范围

库存商品具体包括库存的外购商品、自制商品产品、存放在门市部准备出售的商品、发出展览的商品及寄存在外或存放在仓库的商品等。

（二）制造企业库存商品的核算

1.账户的设置

企业应当设置"库存商品"账户，核算企业库存的各种商品的实际成本或计划成本。"库存商品"账户属于资产类账户，借方登记验收入库商品的成本；贷方登记发出商品的成本；期末借方余额反映库存商品的成本。

2.库存商品的核算

制造企业的产品一般应按实际成本核算。在这种情况下，库存商品的收入、发出和销售，平时只记数量、不记金额；月度终了，计算入库库存商品的实际成本；对发出和销售的库存商品，可以采用先进先出法、月末一次加权平均法、移动加权平均法或个别计价法等方法确定其成本。

（1）库存商品入库核算

库存商品制造完工经检验合格后，应由生产车间按照交库数量填写"产成品入库单"交仓库点收数量并登记明细账。月终，根据产成品入库单和成本计算资料编制"产成品入库汇总表"，据以进行产成品入库的总分类核算。

（2）库存商品销售核算

企业销售部门销售产品时，应填制"销售产品发货单"，交仓库办理产品出库手续并据以登记明细账。月终，结转发出和销售的产品成本。对已经实现销售的库存商品成本，应结转到"主营业务成本"账户；对采用分期收款销售方式发出的库存商品成本，应结转到"发出商品"账户；对于委托代销的销售方式发出的库存商品成本，应结转到"委托代销商品"账户。

（三）商品流通企业库存商品的核算

1.售价金额核算

（1）账户的设置

售价金额核算法，是指售价金额反映商品增减变动及结存情况的核算方法。采用售价金额核算法处理库存商品的日常业务，其核心在于以商品的零售价格登记"库存商品"账户，对于购入商品的实际采购成本（进价）与零售价格之间的差额，另外设置"商品进销差价"账户进行处理；销售发出的库存商品也以其售价记入"主营业务成本"账户，同时按一定的方法分摊已销商品实现的进销差价。以售价登记"库存商品"账户的目的在于：能使库存商品账户的计价方式与企业的各营业柜组、仓库等的商品标价相一致，从而便于商品的实务管理。

对商品采用售价金额核算，"库存商品"账户的借方、贷方和余额均反映商品的售价，这里的售价是指商品的含税零售价。同时还要设置"商品进销差价"账户，该账户用来核算库存商品售价与进价之间的差额，贷方登记入库商品售价大于进价的差额；借方登记分摊已销商品的进销差价和因商品发出加工、出租、发生损失等减少的进销差价；期末贷方余额反映尚未销售也尚未摊销的商品的进销差价。该账户应按商品类别或实物负责人设置明细账，进行明细核算。

"商品进销差价"账户是"库存商品"账户的备抵调整账户。"库存商品"账户期末借方余额减去"商品进销差价"账户期末贷方余额就是期末库存商品的实际成本（进价）。

（2）库存商品的核算

①商品购进的核算。商品购进采购中发生的购货费用在"销售费用"账户中核算。

②商品销售的核算。商业零售企业对每天发生的商品销售业务，不仅要反映销售收入的实现，而且要按售价结转商品的销售成本。

③计算商品的进销差价。在售价金额法下，按含税售价作为商品销售收入和结转商品销售成本，虚增了"收入"和"成本"，应把"主营业务收入"账户中包含的销项税额分解出来，转到"应交税费"账户，把已销商品应分摊的进销差价从"商品进销差价"转到"主营业务成本"账户。实际工作中，一般在月末集中分解销售收入和计算进销差价率：

销项税额=不含税销售收入×增值税税率

月末结转商品分摊进销差价，其计算公式如下：

月末结转商品分摊进销差价=本月主营业务收入不含税的贷方发生额×商品进销差价率

2.毛利率计算法

（1）账户的设置

商品流通企业采用毛利率法核算的，在商品到达验收入库后，按商品进价，借记"库存商品"账户，贷记"银行存款""在途物资"等账户。委托外单位加工收回的商品，按商品进价，借记"库存商品"账户，贷记"委托加工物资"账户。

（2）库存商品的核算

使用毛利率法时，首先要根据本期销售净额乘以上期实际（或本期计划）毛利率匡算本期销售毛利，然后根据毛利率计算发出商品或期末存货成本。

毛利率=销售毛利÷销售净额×100%

销售净额=商品销售收入−销售的退回或折让

销售毛利=销售净额×毛利率

本期销售成本=销售净额−销售毛利或销售净额×（1−毛利率）

期末存货成本=期初存货成本+本期购货成本−本期销售成本

毛利率法适用于商品批发企业，采用这种方法既能减轻工作量，又能满足库存商品管理的需要。

　　毛利率法适用于经营品种较多，月度计算成本确有困难的企业。毛利率法是一种简化的成本计算方法，但是全部（或大类）商品的综合毛利率受影响的因素较多，计算结果往往不够精确。在采用毛利率法时，一般只在季度的头两个月使用，季末则必须用"加权平均法"等其他成本计算方法来计算和调整，以便在一个季度范围内使商品销售成本和期末结存商品金额符合实际。

第三章 固定资产与无形资产

第一节 固定资产

一、固定资产概述

（一）固定资产的定义与确认

1.固定资产的定义

固定资产，是指同时具有下列特征的有形资产：①为生产商品、提供劳务、出租或经营管理而持有；②使用寿命超过一个会计年度。固定资产一般包括房屋和建筑物、机器、机械、运输工具，以及其他与生产、经营有关的动力设备、传导设备、器具、工具等。

判断一项资产是否属于固定资产，常用的标准有以下三方面。

（1）使用目的标准

固定资产是企业的劳动工具或手段，企业持有固定资产的目的是生产商品、提供劳务、出租或经营管理，而不是直接用于出售。其中出租的固定资产是指用以出租的机器设备类固定资产，不包括以经营租赁方式出租的建筑物。

（2）使用寿命标准

固定资产使用期限较长，使用寿命超过一个会计年度。固定资产的使用寿命是指企业使用固定资产的预计期间，或者该固定资产所能生产产品或提供劳务的数量。通常情况下，固定资产的使用寿命是指使用固定资产的预计期间，如自用房屋建筑物的使用寿命按使用年限表示。对于某些机器设备或运输设备等固定资产，其使用寿命以该固定资产所能生产产品或提供劳务的数量来表示。

（3）资产形态标准

固定资产属于有形资产。这与企业的无形资产、应收账款、其他应收款等资产不同。如无形资产为生产商品、提供劳务而持有，使用寿命超过一个会计年度，但是由于其没有实物形态，所以不属于固定资产。

2.固定资产的确认

一项资产要确认为固定资产，首先要符合固定资产的定义，其次还要同时符合固定资产的确认条件。

（1）与固定资产有关的经济利益很可能流入企业

与固定资产有关的经济利益很可能流入企业是企业确认固定资产的条件之一，企业必须对所确认固定资产未来经济利益流入企业的确定程度做出可靠的估计，只有在企业确认通过该项固定资产很可能获得报酬时才确认为企业的固定资产。在实务中，即使企业对该项固定资产没有所有权，如果企业能够控制固定资产带来的经济利益，使之流入企业，则该项固定资产也应予以确认，如融资租入的固定资产等。

（2）该固定资产的成本能够可靠地计量

这是固定资产确认的一个基本条件。如果企业对固定资产能够拥有和控制，其价值量一般都能可靠地计量。例如，外购固定资产，在交易时就确定了它的大部分价值；自行建造的固定资产，可以根据企业购买的材料、发生的人工费和建造过程中的其他投入对其成本进行可靠的计量等。

（二）固定资产的分类

1.按所有权分类

按所有权对固定资产进行分类，可分为自有固定资产和租入固定资产。

自有固定资产是指企业拥有的可供企业自行支配使用的固定资产。租入固定资产是指企业采用租赁方式从外单位租入的固定资产。租入的固定资产所有权属于出租单位。租入固定资产按其风险和报酬是否转移，分为经营租入固定资产和融资租入固定资产。其中，融资性租入固定资产是指采用租赁方式租入的固定资产，根据实质重于形式的要求，在租赁期内，企业应将其视同自有资产进行管理和核算。

2.按经济用途分类

按照经济用途可以将固定资产划分为生产经营用固定资产和非生产经营用固定资产。

生产经营用固定资产是指直接参与或直接服务于生产经营过程的各种固定资产，如用于企业生产经营的房屋、建筑物、机器设备、运输设备、工具器具等。

非生产经营用固定资产是指不直接服务于生产经营过程的各种固定资产，如用于职工住宅、公共福利设施、文化娱乐、卫生保健等方面的房屋、建筑物、设施和器具等。

3.按使用情况分类

按照使用情况可以将固定资产划分为在用固定资产、未使用固定资产和不需用固定资产。

在用固定资产是指企业正在使用的经营用固定资产和非经营用固定资产。企业的房屋及建筑物无论是否在实际使用，都应视为在用固定资产。由于季节性生产经营或进行大修理等原因暂时停止使用，以及存放在生产车间或经营场所备用、轮换使用的固定资产，也属于使用中固定资产。

未使用固定资产是指已购建完成但尚未交付使用的新增固定资产，以及进行改建、扩建等暂时脱离生产经营过程的固定资产。

不需用固定资产是指本企业多余或不适用，等待处置的固定资产。

4.综合分类

为了更好地满足固定资产管理和核算的需要，将几种分类标准结合起来，采用综合的标准对固定资产进行分类。具体为生产经营用固定资产、非生产经营用固定资产、未使用固定资产、不需用固定资产、出租固定资产、融资租入固定资产、土地等。其中，土地是指已经估价单独入账的土地。

（三）固定资产的计量

固定资产的计量是指以货币为计量单位衡量固定资产的价值。这是进行固定资产价值核算的重要内容。一般而言，固定资产存在三种计量标准，即原始价值、重置价值和净值。

1.原始价值

固定资产的计量一般应以原始价值为标准。原始价值是指取得某项固定资产时和直至使该项固定资产达到预定可使用状态前所实际支付的各项必要的、合理的支出，一般包括买价、进口关税、运输费、场地整理费、装卸费、安装费、专业人员服务费和其他税费等。

2.重置价值

重置价值是指在现时的生产技术和市场条件下，重新购置同样的固定资产所须支付的全部代价。重置价值所反映的是固定资产的现时价值，只能作为固定资产的一个辅助计价标准来使用。在取得无法确定原始价值的固定资产时，如盘盈固定资产，应以重置价值为计价标准，对固定资产进行计价。

3.净值

净值是指固定资产原始价值减去累计折旧后的余额，也称折余价值。它是确认固定资产盘盈、盘亏、出售、报废、毁损等溢余或损失的依据。

4.现值

现值是指固定资产在使用期间及处置时产生的未来净现金流量的折现值。

（四）固定资产核算应设置的科目

固定资产核算应设置以下科目。

1.“固定资产”科目。该科目用来核算企业固定资产的原价。该科目借方登记企业增加的固定资产原价，贷方登记企业减少的固定资产原价，期末余额在借方，表示企业固定资产的原价。该科目应按固定资产类别和项目设置明细科目，进行明细核算。

2.“累计折旧”科目。该科目用来核算企业提取固定资产折旧的累计数额，属于“固定资产”的抵减调整科目。该科目借方登记减少的固定资产的已提折旧，贷方登记计提的折旧，期末余额在贷方，表示固定资产的累计折旧。

3.“固定资产减值准备”科目。该科目用来核算企业固定资产市价持续下跌，或技术陈旧、损坏、长期闲置等原因导致其可收回金额低于账面价值的差额，属于“固定资产”的抵减调整科目。借方登记处置固定资产时结转的减值准备，贷方登记提取的减值准备，期末余额在贷方，表示企业已经计提但尚未转销的固定资产减值准备。

4.“在建工程”科目。该科目用来核算企业基建、更新改造等在建工程发生的支出。借方登记在建工程发生的各项费用，贷方登记结转的在建工程成本，期末余额在借方，表示尚未达到预定可使用状态的在建工程的成本。该科目应设置“建筑工程”“安装工程”“在安装设备”及“单项工程”等明细科目，进行明细核算。

5."工程物资"科目。该科目用来核算企业为在建工程准备的各种物资的成本。借方登记企业取得工程物资的成本，贷方登记领用的工程物资的成本，期末余额在借方，表示企业为在建工程准备的各种物资的成本。该科目应设置"专用材料""专用设备""工器具"等明细科目，进行明细核算。

6."固定资产清理"科目。该科目用来核算企业因出售、报废、对外投资、非货币性资产交换、债务重组等原因转出的固定资产的价值及在清理过程中发生的费用等，确定固定资产的处置损益。借方登记需要处置的固定资产账面价值、发生的清理费用及应交的税费，以及转作营业外收入的数额；贷方登记取得的固定资产出售价款、残料变价收入、保险及过失人赔款等项收入，以及转作营业外支出的数额。期末余额在借方，表示尚未清理完毕的固定资产的清理净损失。该科目应按被清理的固定资产项目设置明细科目，进行明细核算。

二、固定资产的取得

（一）外购固定资产

企业外购的固定资产，其成本包括实际支付的买价、进口关税和其他税费，以及使固定资产达到预定可使用状态前所发生的可归属于该项资产的费用，如场地整理费、运输费、装卸费、安装费和专业人员服务费等。

（二）自行建造固定资产

自行建造的固定资产，从发生第一笔购置支出到固定资产完工交付使用，通常需要经历一段较长的建造期间。企业自行建造的固定资产，应按照建造该项固定资产达到预定可使用状态前所发生的全部支出，作为入账价值。

1.自营工程

自营工程是指企业自行组织工程物资采购、自行组织施工人员施工的建筑工程和安装工程。企业将固定资产建造工程中所发生的直接支出计入工程成本，按规定，其内容主要包括消耗的工程物资、原材料、库存商品、负担的职工薪酬，辅助生产部门为工程提供的水、电、设备安装、修理、运输等劳务支出，以及工程发生的待摊支出（包括工程管理费、征地费、可行性研究费、临时设施费、公证费、监理费及应负担的税费等）。

2.出包工程

出包工程是指企业通过招标方式将工程项目发包给建造承包商，由建造承包商组织施工的建筑工程和安装工程。出包工程多用于企业的房屋、建筑物的新建、改建及扩建工程等。在出包方式下，固定资产建造工程支出由建筑承包商核算，出包企业只须按出包合同规定向承包单位支付工程价款，并将支付的全部工程价款作为工程成本，在这种方式下，"在建工程"科目是企业与建造承包商办理工程价款的结算科目。

（三）投资者投入固定资产

投资者投入的固定资产，应按投资合同或协议约定价值确定成本，但合同或协议约定价值不公允的，应按固定资产的公允价值确定。

（四）接受捐赠固定资产

接受捐赠的固定资产的入账价值。一般分为以下两种情况。

1.捐赠方提供了有关凭据的，按凭据上标明的金额加上应支付的相关税费，作为入账价值，其中的增值税作为进项税额入账。

2.捐赠方没有提供有关凭据的，同类或类似固定资产存在活跃市场的，按市场价格估计的金额加上应支付的相关税费，作为入账价值；不存在活跃市场的，按该固定资产预计未来现金流量的现值，加上应支付的相关税费，作为入账价值。

三、固定资产的折旧

（一）固定资产折旧的含义

固定资产折旧是指固定资产由于损耗而逐渐转移的价值。这部分转移的价值以折旧费的形式计入成本或费用，并从企业的营业收入中得到补偿。固定资产损耗可分为有形损耗和无形损耗。有形损耗是指固定资产在使用过程中由于磨损而发生的使用性损耗和由于受自然力影响而发生的自然损耗。无形损耗是指由于技术进步、劳动生产率的提高等原因而引起的固定资产价值的损失。

为了使成本和相应的收入相配比，企业必须将固定资产的取得成本转入成本或费用中。折旧是企业采用合理而系统的分配方法将固定资产的取得成本在固定资产的使用年限内进行合理分配，使之与各期的收入相配比，以确认企业的损益。

（二）固定资产折旧的计算

1.影响固定资产折旧的因素

（1）原始价值

固定资产的原始价值，是指固定资产取得时的初始入账价值。以原始价值作为计算折旧的基数，可以使折旧的计算建立在客观的基础上。

（2）预计净残值

预计净残值是指固定资产报废清理时可以收回的残余价值扣除清理费用后的数额。固定资产的净残值在计算固定资产折旧时应从固定资产的折旧计算基数中扣除，企业应当根据固定资产的性质和使用情况，合理确定固定资产的预计净残值。

（3）预计使用年限

预计使用年限是指固定资产预计的可使用年限。在确定固定资产的使用寿命时，企业主要应当考虑固定资产的预计生产能力、有形损耗、无形损耗，以及法律法规对资产使用的限制等因素。企业应当根据固定资产的性质和使用情况，合理确定固定资产的使用寿命。

2.固定资产折旧范围

根据企业会计准则的规定，企业应对所有的固定资产计提折旧，已提足折旧仍继续使用的固定资产，以及按规定单独估价作为固定资产入账的土地除外。在确定固定资产折旧的范围时还应注意以下几点。

第一，固定资产应当按月计提折旧。当月增加的固定资产，当月不计提折旧，从下月起计提折旧；当月减少的固定资产，当月仍计提折旧，从下月起不计提折旧。

第二，固定资产提足折旧后，不论是否继续使用，均不再计提折旧，提前报废的固定资产，未提足折旧的，也不再补提。

第三，已达到预定可使用状态但尚未办理竣工决算手续的固定资产，应当按照估计价值确定其成本，并计提折旧；待办理竣工决算手续后，再按实际成本调整原来的暂估价值，但不需要对原已提折旧进行调整。

3.固定资产折旧的计算

固定资产折旧的计算方法是将应提折旧总额在固定资产各使用期间进行分配时所采用的具体计算方法。固定资产的应计折旧额是指应当计提折旧的固定资产原价扣除其预计净残值后的余额；如果已对固定资产计提减值准备，还应当扣除已计提的固定资产减值准备金额。

固定资产折旧的计算方法包括年限平均法、工作量法、双倍余额递减法、年数总和法等。因此，企业应根据固定资产的性质、受有形损耗和无形损耗影响的方式及程度、科技发展及其他因素，合理选择固定资产的折旧方法，企业折旧方法一经确定，不能随意变更。

（三）固定资产折旧的会计处理

在会计实务中，企业一般都是按月计提固定资产折旧的。企业各月计提折旧时，在上月计提折旧的基础上，对上月固定资产的增减情况进行调整后计算当月应计提的折旧额。用公式表示如下：

当月固定资产应计提折旧额＝上月固定资产计提的折旧额＋上月增加的固定资产应计提的月折旧额－上月减少的固定资产应计提的月折旧额

固定资产的折旧费用，应根据固定资产的使用者和受益对象分配计入有关的成本或费用中。企业管理部门使用的固定资产的折旧费用，计入管理费用；生产部门使用的固定资产的折旧费用，计入制造费用；专设销售机构使用的固定资产的折旧费用，计入销售费用；经营性出租的固定资产的折旧费用，计入其他业务成本等。

四、固定资产的后续支出

（一）固定资产后续支出概述

固定资产的后续支出，是指固定资产在使用过程中发生的更新改造支出、修理费用等。企业固定资产投入使用后，为了适应新技术发展的需要，或为维护并提高固定资产的使用效能，往往会发生一定的后续支出，包括固定资产的增置、改良与改善、换新、修理、重新安装等业务发生的支出。

企业发生可资本化的固定资产支出，会计核算应分为以下三个步骤。

1.企业应将固定资产原值、已计提的累计折旧和减值准备转销，将固定资产的账面价值（固定资产的账面价值＝固定资产原值－累计折旧－固定资产减值准备）转入在建工程，在此基础上重新确认固定资产的原价，同时停止计提折旧。

2.固定资产后续支出通过"在建工程"科目核算。

3.在固定资产完工并达到可使用状态时，再将在建工程的科目余额转入固定资产，并按重新确定的使用寿命、预计净残值和折旧方法计提折旧。

固定资产后续支出的处理原则：与固定资产有关的更新改造等后续支出，符合固定资产确认条件的，应当计入固定资产成本，同时将被替换部分的账面价值扣除；与固定资产有关的修理费用等后续支出，不符合固定资产确认条件的，应当计入当期损益。

（二）资本化的后续支出

1.增置

增置是指固定资产总体数量的增加，包括添置全新的固定资产项目和对原有固定资产项目进行改建、扩建、延伸、添加、补充等。增置需要追加固定资产投资，一般情况下，应将其进行资本化处理。

改建、扩建后的固定资产，应视同固定资产的增加而进行会计处理。改扩建后固定资产的价值是按照在原有固定资产账面价值的基础上，加上由于扩建而发生的支出，减去扩建过程中发生的收入来确定的。

2.资产部分单元组更换

如果后续支出为对资产部分单元组进行更换，应将替换下来的旧资产单元账面价值从原工程成本中扣除，同时，作为损失计入营业外支出。

3.重新安装

对于需要重新安装的固定资产，由于重新安装的固定资产原始价值中已经包含了初始安装成本，为了避免重复计价，应先将初始安装成本的账面净值从固定资产价值中减除，并作为该项资产的废弃损失，计入营业外支出，然后代之以新安装成本。

（三）费用化的后续支出

企业生产车间和行政管理部门发生的不可资本化的后续支出，如固定资产的修理费用，在修理费用发生的当期计入当期损益。

五、固定资产处置

（一）固定资产处置概述

企业的固定资产由于使用磨损、科技进步、遭受自然灾害、经营方向转变等原因，需要退出生产经营过程进行处置。固定资产处置的方式主要包括出售、转让、报废或毁损、对外投资或捐赠、非货币性资产交换、债务重组等。

固定资产在处置过程中会发生收益或损失，称为处置损益。它以处置固定资产所取得的各项收入与固定资产账面价值、发生的清理费用及相关税费之间的差额来确定。其中，处置固定资产的收入包括出售价款、残料变价收入、保险及过失人赔款等项收入；清理费用包括处置固定资产时发生的拆卸、搬运、整理等费用。

（二）固定资产处置的步骤

固定资产处置，一般分以下四个步骤进行。

1.将固定资产转入清理时，按固定资产账面价值，借记"固定资产清理"科目，按已提的累计折旧，借记"累计折旧"科目，按已计提的减值准备，借记"固定资产减值准备"科目，按固定资产原值，贷记"固定资产"科目。

2.确认发生的清理费用。固定资产清理时发生的清理费用及应支付的相关税费，借记"固定资产清理"科目，贷记"银行存款"科目。

3.出售收入、残料变价收入和保险赔偿等的处理。固定资产清理时出售残料变价收入、保险及过失人赔款等收入应借记"原材料""银行存款""其他应收款"等科目，贷记"固定资产清理"科目。

4.清理净损益的处理。

第一种，清理净损失。属于生产经营期间毁损、报废、发生自然灾害等的净损失，借记"营业外支出"科目，贷记"固定资产清理"科目。属于出售带来的净损失借记"资产处置损益"科目，贷记"固定资产清理"科目。

第二种，清理净收益。固定资产出售带来的净收益，借记"固定资产清理"科目，贷记"资产处置损益"科目。

（三）固定资产处置的会计处理

1.固定资产出售

出售固定资产的损益是指出售固定资产取得的价款与固定资产账面价值、发生的清理费用等之间的差额。

2.固定资产报废

固定资产报废分为到期正常报废、提前报废和超龄使用后报废三种情况。无论是何种情况，其损益的计算方法是一样的，都是指报废时固定资产的账面价值、发生的清理费用与残料变价收入之间的差额。

3.固定资产毁损

固定资产毁损主要是由于自然灾害等不可抗力因素，或是由于责任事故等人为因素造成的损失。固定资产毁损的净损失是指毁损固定资产的账面价值，加上发生的清理费用，扣除残料变价收入及保险赔款、责任人赔款后的净额。

六、固定资产清查

为加强固定资产的实物管理，确保固定资产的安全和完整，企业应当定期或至少每年对固定资产进行一次清查，确定企业的固定资产是否与账簿记录相一致。

（一）固定资产盘盈

对于发现盘盈的固定资产，在未报经批准处理前，如果同类或类似固定资产存在活跃市场的，应按同类或类似固定资产的市场价格，减去按该项固定资产新旧程度估计价值损耗后的余额，作为入账价值；如果同类或类似固定资产不存在活跃市场的，应按盘盈固定资产的预计未来现金流量的现值计价入账。

盘盈的固定资产，应作为企业以前年度的差错，记入"以前年度损益调整"科目。

（二）固定资产盘亏

如果通过清查发现账簿记录的固定资产实物不存在，则为固定资产盘亏。其处理原则是以实存为基础，调整账簿记录，做到账实相符，经批准后，将盘亏损失计入营业外支出。

盘亏的固定资产应通过"待处理财产损溢——待处理固定资产损溢"科目进行核算。发现盘亏的固定资产，在未报经批准处理前，按账面原价和累计折旧予以注销，其净值记入"待处理财产损溢——待处理固定资产损溢"科目；待报经批准处理后，再将净值转入"营业外支出——固定资产盘亏"科目。

七、固定资产减值

（一）固定资产减值的含义

固定资产在资产负债表日存在可能发生减值的迹象时，其可收回金额低于账面价值的，企业应将该固定资产的账面价值减记至可收回金额，其中减记的金额确认为减值损失，计入当期损益的同时计提相应的资产减值准备。其公式为：

固定资产减值损失＝固定资产账面价值－固定资产可收回金额

会计期末，固定资产应按其可收回金额与账面价值孰低进行计价。企业应当于会计期末至少每年年末对固定资产进行逐项检查，以确定是否发生固定资产减值。

（二）固定资产减值的迹象

存在下列迹象的，表明固定资产可能发生了减值。

第一，资产的市价当期大幅度下跌，其跌幅明显高于因时间的推移或者正常使用而预计的下跌。

第二，企业经营所处的经济、技术或者法律等环境，以及资产所处的市场在当期或者将在近期发生重大变化，从而对企业产生不利影响。

第三，市场利率或者其他市场投资报酬率在当期已经提高，从而影响企业计算资产预计未来现金流量现值的折现率，导致资产可收回金额大幅度降低。

第四，有证据表明资产已经陈旧过时或者其实体已经损坏。

第五，资产已经或者将被闲置、终止使用或者计划提前处置。

第六，企业内部报告的证据表明资产的经济绩效已经低于或者将低于预期，如资产所创造的净现金流量或者实现的营业利润（或者损失）远远低于预计金额等。

第七，其他表明资产可能已经发生减值的迹象。

（三）固定资产可收回金额的计量

在固定资产存在可能发生减值的迹象时，需要计算固定资产的可收回金额。固定资产的可收回金额应当根据资产的公允价值减去处置费用后的净额与资产预计未来现金流量的现值之间较高者确定。

固定资产可收回金额的估计方法如下：

1.固定资产公允价值减去处置费用后净额的估计

固定资产公允价值，可以销售协议价、买方出价、最佳信息的估计数等加以确定。处置费用包括与资产处置有关的法律费用、相关税费、搬运费，以及为使资产达到可销售状态所发生的直接费用等。

2.固定资产预计未来现金流量现值的估计

资产预计未来现金流量是指资产在持续使用过程中和最终处置时所产生的预计未来现金流量。

（四）固定资产减值的会计处理

按企业会计准则规定，可收回金额的计量结果表明，固定资产的可收回金额低于其账面价值的，应当将固定资产的账面价值减记至可收回金额，减记的金额确认为资产减值损失，计入当期损益，同时计提相应的资产减值准备。固定资产减值损失一经确认，在以后会计期间不得转回。

企业计提各项资产减值准备所形成的损失均通过"资产减值损失"科目核算。同时还增设"固定资产减值准备"科目。该科目用来核算企业固定资产的减值准备。贷方登记计提的固定资产减值准备，借方登记处置固定资产时转销的减值准备，期末余额在贷方，表示企业已计提但尚未转销的固定资产减值准备。

期末，应将"资产减值损失"科目余额转入"本年利润"科目，结转后"资产减值损失"科目无余额。

第二节　无形资产

一、无形资产概述

（一）无形资产的定义与特征

无形资产是指企业拥有或控制的、没有实物形态的可辨认非货币性资产，主要包括专利权、非专利技术、商标权、著作权、特许权等。相对于其他资产，无形资产具有以下特征。

1.不具有实物形态

无形资产通常表现为某种权利、技术或某种获取超额利润的综合能力，不具有实物形态。例如，土地使用权、非专利技术等。另外，有些无形资产的存在有赖于实物做载体，如计算机软件，因为它是相关硬件必不可少的组成部分，所以就属于无形资产，但这并不改变无形资产不具有实物形态这一特征。

需要指出，无形资产不具有实物形态，但不具有实物形态的资产不一定都是无形资产。例如，作为投资性房地产的土地使用权、企业合并中形成的商誉、应收账款等，都不是无形资产。

2.由企业拥有或控制并能为其带来未来经济利益的资源

通常情况下，企业拥有或者控制的无形资产，是指企业拥有该项无形资产的所有权，且该项无形资产能够为企业带来未来经济利益。但在某些情况下并不需要企业拥有其所有权，如果企业有权获得某项无形资产产生的经济利益，同时又能约束其他人获得这些经济利益，则说明企业控制了该无形资产，或者说控制了该无形资产产生的经济利益，并受法律的保护。

3.具有可辨认性

无形资产定义中的可辨认性标准主要有：

（1）能够从企业中分离或者划分出来，并能单独或者与相关合同、资产或负债一起，用于出售、转让、授予许可、租赁或者交换。

（2）源自合同性权利或其他法定权利，无论这些权利是否可以从企业或其他权利和义务中转移或者分离。例如，企业通过法定程序申请取得的专利权、商标权等。

商誉由于无法与企业自身分离而存在，不具有可辨认性，不在这里讨论。

4.属于非货币性资产

无形资产由于没有发达的交易市场，一般不轻易转化为现金，在持有过程中为企业带来未来经济利益的情况不确定，不属于以固定或可确定的金额收取的资产，因而，无形资产属于非货币性资产。

（二）无形资产的内容

1.专利权

专利权是指国家专利主管机关依法授予发明创造专利申请人，对其发明创造在法定期限内所享有的专有权利，包括发明专利权、实用新型专利权和外观设计专利权。专利权的主体是依据专利法被授予专利权的个人或单位，专利权的客体是受专利法保护的专利范围。

2.非专利技术

非专利技术也称专有技术，是指不为外界所知、在生产经营活动中已采用了的、不享有法律保护的、可以为企业带来经济效益的各种技术和诀窍。非专利技术一般包括工业专有技术、商业贸易专有技术、管理专有技术等。

3.商标权

商标是用来辨认特定的商品或劳务的标记。商标权是指专门在某类指定的商品或产品上使用特定的名称或图案的权利。商标权的价值在于它能使企业获取较高的获利能力。我国商标法规定，商标权的有效期限为十年，期满前可继续申请续展注册期。

4.著作权

著作权又称版权，是指作者对其创作的文学、科学和艺术作品依法享有的某些特殊权利。著作权包括作品署名权、发表权、修改权和保护作品完整权，还包括复制权、发行权、出租权、展览权、表演权、放映权、广播权、信息网络传播权、摄制权、改编权、翻译权、汇编权，以及应当由著作权人享有的其他权利。

5.特许权

特许权又称经营特许权、专营权，是指企业在某一地区经营或销售某种特定商品的权利，或是一家企业接受另一家企业使用其商标、商号、技术秘密等的权利。

6.土地使用权

土地使用权是指国家准许企业在一定期间内对国有土地享有开发、利用、经营的权利。企业取得土地使用权的方式主要包括行政划拨取得、外购取得及投资者投资取得等。

（三）无形资产的分类

1.按取得来源分类

无形资产按取得来源可分为两类。

（1）外来无形资产，是指从企业外部取得的无形资产，主要包括购入的无形资产、投资者投入的无形资产、企业合并取得的无形资产、债务重组取得的无形资产、以非货币性资产交换取得的无形资产及政府补助取得的无形资产等。

（2）自创无形资产，是指企业自行研制、开发的无形资产。

2.按使用寿命是否有限分类

无形资产按使用寿命是否有限可分为两类。

（1）期限确定的无形资产，是指在有关法律中规定有最长有效期限的无形资产，如专利权、商标权、著作权等。

（2）期限不确定的无形资产，是指没有相关法律规定其有效期限的、其经济寿命难以预先准确估计的无形资产，如非专利技术等。

（四）无形资产的确认

1.无形资产确认的一般条件

无形资产没有实物形态，作为无形项目，只有同时满足以下三个条件，才能将其确认为无形资产：①符合无形资产的定义；②与该无形资产相关的预计未来经济利益很可能流入企业；③无形资产的成本能够可靠地计量。

2.无形资产确认的应用

（1）土地使用权确认为无形资产

企业取得的土地使用权通常应确认为无形资产。土地使用权用于自行开发建造厂房等地上建筑物时，土地使用权的账面价值不与地上建筑物合并计算其成本，而应单独作为无形资产进行核算，土地使用权与地上建筑物分别进行摊销和提取折旧。

但下列情况除外：

①房地产开发企业取得的土地使用权用于建造对外出售的房屋建筑物，相关的土地使用权应当计入所建造的房屋建筑物成本。

②企业外购的房屋建筑物，实际支付的价款中包括土地及建筑物的价值，则应当对支付的价款按照一定标准在土地和地上建筑物之间进行分配；如果确实无法在地上建筑物与土地使用权之间进行合理分配的，应当全部作为固定资产核算。

企业改变土地使用权的用途，将其作为用于出租或增值目的时，应将其转为投资性房地产。

（2）企业合并中取得的无形资产

按照企业会计准则的规定，非同一控制下的企业合并中，购买方取得的无形资产应以其在购买日的公允价值计量，而且合并中确认的无形资产并不仅限于被购买方原已确认的无形资产，只要该无形资产的公允价值能够可靠计量，购买方就应在购买日将其独立于商誉确认为一项无形资产。具体分为以下情况。

①企业合并中取得的无形资产，其公允价值能够可靠计量的，则应单独确认为无形资产。

②企业合并中取得的无形资产本身可能是可以单独辨认的，但其计量或处置与有形的或无形的资产一并作价，在这种情况下，如果该无形资产及与其相关的资产各自的公允价值不能可靠计量，则应将该资产组独立于商誉确认为相关资产。

（3）自行开发的无形资产

企业自行开发的无形资产，分为研究阶段与开发阶段。研究阶段的支出，不能资本化，而是在发生时全部计入当期损益。对于开发阶段的支出，应该满足一定的条件才能予以资本化，计入无形资产的价值，待完成后确认为企业的无形资产。这些条件包括：

①完成该无形资产以使其能够使用或出售在技术上具有可行性。

②具有完成该无形资产并使用或出售的意图。

③无形资产产生经济利益的方式，应当证明其有用性。

④有足够的技术、财务资源和其他资源支持，以完成该无形资产的开发，并有能力使用或出售该无形资产。

⑤归属于该无形资产开发阶段的支出能够可靠地计量。

（五）无形资产核算账户的设置

1. "无形资产"科目，借方登记取得无形资产的成本；贷方登记转销无形资产的成本；期末余额在借方，表示企业无形资产的成本。

2. "研发支出"科目，借方登记企业发生的各项研发支出；贷方登记转销的各项研发支出；期末余额在借方，表示企业正在进行无形资产研发项目满足资本化条件的支出。该科目应当按照研究开发项目，分别设置"费用化支出"与"资本化支出"明细科目，进行明细核算。

3. "累计摊销"科目，贷方登记计提无形资产的摊销额；借方登记处置无形资产时应转销的累计摊销额；期末余额在贷方，表示企业无形资产的累计摊销额。

4. "无形资产减值准备"科目，贷方登记计提的减值准备；借方登记处置无形资产时转销的减值准备；期末余额在贷方，表示企业已计提但尚未转销的无形资产减值准备。

二、无形资产的取得

（一）外购的无形资产

外购无形资产的成本包括购买价款、相关税费及直接归属于使该项资产达到预定用途所发生的其他支出。其中，直接归属于使该项无形资产达到预定用途所发生的其他支出，是指使无形资产达到预定用途所发生的专业服务费用、测试无形资产是否能够正常发挥作用的费用等。相关税费不包括按照现行增值税制度规定，可以从销项税额中抵扣的增值税进项税额。

企业取得的土地使用权通常应确认为无形资产。

（二）自行研发的无形资产

企业自行开发无形资产发生的研发支出，对于不满足资本化条件的，应当借记"研发支出——费用化支出"科目，满足资本化条件的，借记"研发支出——资本化支出"科目，贷记"原材料""银行存款""应付职工薪酬"等科目；自行研究开发无形资产发生的支出取得增值税专用发票可抵扣的进项税额，借记"应交税费——应交增值税（进项税额）"科目。

研究开发项目达到预定用途形成无形资产时，应按本账户"研发支出——资本化支出"的余额，借记"无形资产"科目，贷记"研发支出——资本化支出"科目。期末，企业应将本科目归集的费用化支出金额转入"管理费用"科目，借记"管理费用"科目，贷记"研发支出——费用化支出"科目。

企业如果无法可靠区分研究阶段的支出和开发阶段的支出，应将发生的研发支出全部费用化，计入当期损益，计入"管理费用"科目的借方。

（三）投资者投入的无形资产

投资者投入无形资产的成本，应当按照投资合同或协议约定的价值确定，在投资合同或协议约定价值不公允的情况下，应按无形资产的公允价值入账。

企业按规定可以接受投资者以无形资产对企业进行投资。投资者投入的无形资产，在合同或协议约定的价值公允的前提下，应按照投资合同或协议约定的价值作为入账价值。无形资产的入账价值与折合资本额之间的差额，作为资本溢价，计入资本公积。

（四）债务重组取得的无形资产

企业通过债务重组取得的无形资产，其入账价值应按受让无形资产的公允价值加上应支付的相关税费来确定。重组债权的账面价值与取得的无形资产公允价值之间的差额计入当期损益，借记"营业外支出"账户。如果在债务重组的过程中，债权人在受让无形资产的同时，又受让债务人的部分现金资产，重组债权的账面价值首先应冲减受让的现金资产，然后通过余额与受让无形资产公允价值进行比较，确定的差额作为债务重组损失，借记"营业外支出"账户。如果债权人已对重组债权计提减值准备的，应当先将该差额冲减减值准备，减值准备不足以冲减的部分，计入营业外支出；如果减值准备冲减该差额后仍有余额，应该转回并抵减当期资产减值损失，而不再确认债务重组损失。

（五）政府补助取得的无形资产

企业通过政府补助方式取得的无形资产应当按照公允价值计量。没有注明价值或注明价值与公允价值差异较大，但有活跃交易市场的，应当根据有确凿证据表明的同类或类似市场交易价格作为公允价值；如没有注明价值，且没有活跃交易市场、不能可靠取得公允价值的，应当按照名义金额计量。

企业由于政府补助形成的无形资产而确认的递延收益应在无形资产的使用寿命内分配计入各期损益中。与企业日常活动相关的政府补助，应按经济业务实质，计入其他收益或冲减相关成本费用。与企业日常活动无关的政府补助，计入营业外收入。

三、无形资产的摊销

（一）无形资产使用寿命的确定

企业应当于取得无形资产时分析判断其使用寿命。企业会计准则规定，对于使用寿命有限的无形资产，须在使用寿命内进行摊销；使用寿命不确定的无形资产不应摊销。

确定无形资产的使用寿命时，企业应当在取得无形资产时就进行分析和判断，通常需要考虑的因素有以下七方面：

（1）该资产通常的产品寿命周期、可获得的类似资产使用寿命的信息。

（2）技术、工艺等方面的现阶段情况及对未来发展趋势的估计。

（3）以该资产生产的产品（或服务）的市场需求情况。

（4）现在或潜在的竞争者预期采取的行动。

（5）为维持该资产产生未来经济利益能力的预期维护支出，以及企业预计支付有关支出的能力。

（6）对该资产的控制期限，使用的法律或类似限制，如特许使用期间、租赁期间等。

（7）与企业持有的其他资产使用寿命的关联性等。

（二）无形资产摊销的方法

使用寿命有限的无形资产，通常其残值视为零。对于使用寿命有限的无形资产应当自可供使用（即达到预定用途）当月起开始摊销，处置当月不再摊销。无形资产摊销方法包括年限平均法（即直线法）、生产总量法等。企业选择的无形资产摊销方法，应当反映与该项无形资产有关的经济利益的预期实现方式。无法可靠确定预期实现方式的，应当采用年限平均法（直线法）摊销。企业应当按月对无形资产进行摊销。

（三）无形资产摊销的账务处理

无形资产的摊销额一般应当计入当期损益。企业管理用的无形资产，其摊销金额计入管理费用；出租的无形资产，其摊销金额计入其他业务成本；某项无形资产包含的经济利益通过所生产的产品或其他资产实现的，其摊销金额应当计入相关资产成本。

企业按月计提无形资产摊销额时，借记"管理费用""制造费用""其他业务成本"等账户，贷记"累计摊销"账户。

四、无形资产的减值

（一）无形资产减值的概念

根据企业会计准则的规定，无形资产的可收回金额低于其账面价值时，应当将无形资产的账面价值减记至可收回金额，减记的金额确认为无形资产减值损失，计入当期损益，同时计提相应的无形资产减值准备。资产减值损失确认后，减值无形资产的摊销费用应当在未来期间做相应调整，以使该无形资产在剩余使用寿命内，系统地分摊调整后的无形资产账面价值（扣除预计净残值）。无形资产减值损失一经确认，在以后会计期间不得转回。

对于使用寿命有限的无形资产，如果存在减值迹象，应进行减值测试；对于使用寿命不确定的无形资产，无论是否存在减值迹象，每年都应进行减值测试。

（二）无形资产减值相关的账务处理

企业按照应减记的金额，借记"资产减值损失——计提的无形资产减值准备"科目，贷记"无形资产减值准备"科目。期末，应将"资产减值损失"账户余额转入"本年利润"科目，结转后"资产减值损失"科目无余额。

五、无形资产的处置

无形资产的处置，主要是指无形资产出售、对外出租、对外捐赠，或者是无法为企业带来未来经济利益时，应予终止确认并转销。

（一）无形资产的出售

企业处置无形资产，应当按照实际收到或应收的金额等，借记"银行存款""其他应收账款"等科目；按照已计提的累计摊销，借记"累计摊销"科目；按照实际支付的相关费用可抵扣的进项税额，借记"应交税费——应交增值税（进项税额）"科目；按照实际支付的相关费用，贷记"银行存款"等科目；按无形资产的账面余额，贷记"无形资产"科目；按照开具的增值税专用发票上注明的增值税销项税税额，贷记"应交税费——应交增值税（销项税额）"科目；按照其差额，贷记或借记"资产处置损益"科目。已计提减值准备的，还应同时结转减值准备，借记"无形资产减值准备"科目。

（二）无形资产的出租

出租无形资产时，取得的租金收入，借记"银行存款"等账户，贷记"其他业务收入"等账户；摊销出租无形资产的成本并发生与转让有关的各种费用支出时，借记"其他业务成本"账户，贷记"累计摊销"账户。

（三）无形资产的报废

如果在无形资产使用的某一期间，由于各种因素的影响，使得无形资产预期不能为企业带来未来的经济利益，则该无形资产应转入报废处理，其账面价值转作当期损益。转销时，应按已计提的累计摊销，借记"累计摊销"科目；按其账面余额，贷记"无形资产"科目；按其差额，借记"营业外支出"科目。已计提减值准备的，还应同时结转减值准备。

第四章　财政收入与支出

第一节　财政收入

一、财政收入的含义

提供公共产品，满足社会公共需要，是财政活动的主要目的。而要实现这一目的，政府必须首先获得提供公共产品的财政资金。因此，财政收入是政府为满足社会公共需要，依据一定的权力原则，通过国家财政，从企事业单位和居民个人收入中集中的一定数量的货币或实物资产收入。它通常有两个含义：第一，财政收入是一定量的公共性质的货币资金，即通过一定筹资形式和渠道集中起来的由国家集中掌握使用的货币资金，是国家占有的以一定量的货币表现的社会产品价值，主要是剩余产品价值。第二，财政收入又是一个过程，即组织收入、筹集资金的过程，它是财政分配的第一阶段或基础环节。

政府取得财政收入主要凭借公共权力，包括政治管理权、公共资产所有或占有权、公共信用权等，其中政治管理权是核心，这是由政府所提供的公共产品的性质所决定的。公共产品收益的普遍性，使大部分这类产品的供给无法采用经营性方式进行，因而只能凭借政府的政治管理权对社会成员的收入征税，来补偿公共产品的成本。

二、财政收入分类的依据

财政收入分析可以从多个角度进行，如可以从财政收入的形式、来源、规模和结构等多角度进行分析。而诸种分析顺利进行的首要条件是，要对财政收入做科学的分类。财政收入分类的必要性源于财政收入的复杂性。如从财政作为以国家为主体的分配活动的角度来看，应将财政收入理解为一个分配过程，这一过程是财政分配活动的一个阶段或一个环节，在其中形成特定的财政分配关系。在商品经济条件下，财政收入是以货币来度量的，从这个意义上来理解，财政收入又是一定量的货币收入，即国家占有的以货币表现的一定量的社会产品的价值，主要是剩余产品价值。

财政收入的复杂性又使得财政收入的分类多种多样。各国财政学者都十分重视财政收入分类，并根据研究角度的不同和对实践分析的不同需要有各不相同的分类主张。如有的将财政收入分为直接收入、间接收入和预期收入三类，有的将财政收入分为经常收入和临时收入两类，还有的将财政收入分为强制性收入和自由收入、公经济收入和私经济收入等。可见，财政收入是一个复杂的体系，为便于对财政收入进行分析，人们通常按一定的标准对财政收入加以分类。但对财政收入进行的能够具有理论和实践价值的分类，似乎应合乎两个方面的要求。一是要与财政收入的性质相吻合。由于财政收入既是一个分配过程，又是一定量的货币收入，具有两重性质，所以，财政收入分类应体现这一特点。二是要同各国实际相适应。如我国是发展中的社会主义国家，经济中的所有制结构和部门结构与其他国家有较大的差别，财政收入构成自然也与其他国家不同，财政收入分类必须反映这一现实。按照上述分类的要求，我国财政收入分类应同时采用两个不同的标准：一是以财政收入的形式为标准，主要反映财政收入过程中不同的征集方式，以及通过各种方式取得的收入在总收入中所占的比重；二是以财政收入的来源为标准，主要体现作为一定量的货币收入从何取得，并反映各种来源的经济性质及变化趋势。

三、财政收入分类

（一）按财政收入形式分类

按财政收入形式分类，是指以财政收入的形式依据为标准进行分类。收入依据不同，财政收入的表现形式也不同。通常，把财政收入分为税收和其他收入两大类。这种分类的好处是突出了财政收入中的主体收入，即国家凭借政治权力占有的税收。税收收入的形成依据的是国家的政治管理权，它在财政收入中占据主导地位，它为一般的财政支出提供基本的资金来源，同时也是政府实施经济管理和调控的重要手段。其他形式的财政收入可以统称为非税收入，各有其特定的形式依据，反映不同的收入关系，在财政收入中所占份额相对较小。对其他财政收入还可以进一步划分为企业收入、债务收入及其他收入等。我国的财政统计分析中经常采用的就是这种分类方法。不过，企业收入在1994年税制改革后，在财政收入统计中已经消失，而债务收入已不再列入经常收入，债务收支单独核算。按照这一分类方法，税收收入主要包括增值税、营业税、消费税、土地增值税、城市维护建设税、资源税、城市土地使用税、印花税、个人所得税、企业所得税、关税等。其他收入类包括排污费收入、城市水资源费收入、教育费附加收入等单项收入，以及规费收入、事业收入和外事服务收入、国有资产管理收入、罚没收入等。其中，规费收入是指国家机关为居民或团体提供特殊服务或实施行政管理所收取的手续费和工本费，如工商企业登记费、商标注册费、公证费等。

按财政收入形式通常又可将财政收入分为经常性收入和非经常性收入（临时性收入）。经常性收入主要是指税收和各种收费，非经常性收入是指债务收入和其他收入。

按财政收入形式进行分类，主要应用于分析财政收入规模的增长变化及其增长变化的趋势。

（二）按财政收入来源分类

经济作为财政的基础和财政收入的来源，对财政分配过程和财政收入本身具有决定作用。无论国家以何种方式参与国民收入分配，财政收入过程总是和该国的经济制度和经济运行密切相关。如果把财政收入视为一定量的货币收入，它总是来自国民收入的分配和再分配。

现实中，财政收入总体上来源于国内生产总值，而国内生产总值又是由全国不同的单位、部门、地区创造的。因此，按财政收入来源对财政收入进行分类，可以选择两个不同的标准，或者说包括两种不同的亚类：一是以财政收入来源中的所有制结构为标准，可以将财政收入分为国有经济收入、集体经济收入、股份制经济收入、中外合营经济收入、私营经济收入、外商投资和外商独资经济收入、个体经济收入等；二是以财政收入来源中的部门结构为标准，可以将财政收入分为工业部门收入、农业部门收入、商业部门收入、建筑部门收入和其他部门收入等，其中，工业部门收入又可以分为轻工业部门收入和重工业部门收入。

当然，对财政收入也可以做这样两种划分：一是分为生产部门收入和流通部门收入；二是分为第一产业部门收入、第二产业部门收入和第三产业部门收入等。

按财政收入来源对财政收入进行分类，有利于研究财政与经济之间的制衡关系，把握经济活动及其结构对财政收入规模及构成的决定作用，明确财政收入政策对经济运行的影响，从而有利于选择财政收入的适当规模和结构，并建立经济决定财政、财政影响经济的和谐运行机制。

（三）按财政收入的管理方式分类

按财政收入的管理方式分类，实际上是从按财政收入形式分类中衍生出来的一种分类方式。由于目前我国仍处于经济体制转轨时期，财政收入项目经常有所变动，财政统计也还不够规范，于是便有收费项目繁多、管理方式不统一的多种不同财政收入，并且这些繁多收费项目的种类经常变化。因此，为了对财政收入进行科学、准确的分析，需要将这些名称不同的财政收入按管理方式的不同进行分类。

按财政收入管理方式的不同，可以将财政收入分为预算内财政收入和预算外财政收入。预算内财政收入是指统一纳入国家预算、按国家预算立法程序实行规范管理、由各级政府统一安排使用的财政收入。目前，我国预算内财政收入项目包括各项税收、专项收入（如排污费、教育费附加收入）、其他收入（如基本建设收入、捐赠收入）、国有企业亏损补贴。预算外财政收入是指各级政府依据具有法律效力的法规，采取收费形式而形成的专项资金或专项基金。专项资金和专项基金的共同特征在于，一是在使用上由收费各部门安排使用，二是在统计上未纳入财政收入统计。不同的是，专项资金专项统计，并实行"收支两条线"管理；中央政府性基金收入已纳入预算管理，其数额在预算报告中专门列明。需要指出的是，预算外收入的内容和范围在各国并不完全相同，如美国的预算外收入是指按法律规定不包括在政府预算总额中的财政收入，如社会保障信托资金、邮政服务收入等。

此外，在人们分析财政收入时，还经常提到"制度外收入"。制度外收入是与预算外收入相对而言的，如果将预算外收入视为制度内收入，那么制度外收入就是预算之外的乱收费、乱罚款、乱摊派。制度外收入目前没有政府公布的统计数字，我国政府正在加强对制度外收入的清理整顿。

四、财政收入规模

财政收入规模与财政支出规模密切相关，在变化趋势上具有明显的一致性，但二者所说明的问题却不相同。如果说财政支出是直接说明政府活动规模的，那么财政收入则主要反映企业和居民家庭对政府活动经费的负担水平。

（一）财政收入规模的含义与衡量指标

财政收入规模是指一国政府在一个财政年度内所拥有的财政收入总水平。财政收入规模的大小可以从静态和动态两个角度来进行分析，并分别采用两个不同的指标来描述：一是可以从静态的角度用年度财政收入的总量（年财政收入额）来描述，这是一个绝对数指标；二是可以从动态的角度用财政收入占国内生产总值的比重[（一定时期内财政收入总额/同期国内生产总值）×100%]来描述，这是一个相对数指标。

绝对数指标表现了一国政府在一定时期内的具体财力有多大，因而这一指标适用于财政收入计划指标的确定、完成情况的考核及财政收入规模变化的纵向比较；相对数指标则主要反映一国政府参与国内生产总值分配的程度（财政的集中程度）有多高，因而具有重要的分析意义，其分子根据反映对象和分析目的的不同可以运用不同口径的指标，如中央政府财政收入、各级政府财政总收入，同样分母也可以用不同口径的指标，如国内生产总值、国民收入等。

（二）影响财政收入规模的因素

从历史上看，保证财政收入持续、稳定、适度地增长，始终是世界各国政府的主要财政目标，而在财政赤字笼罩世界的现代社会，谋求财政收入增长更为各国政府所重视。但是，财政收入规模多大，财政收入增长速度多快，不是或不仅仅是以政府的意愿为转移的，它要受到各种政治经济等因素的制约和影响，这些因素包括经济发展水平、生产技术水平、价格及收入分配体制等，其中最主要的是经济发展水平和生产技术水平。

1.经济发展水平和生产技术水平对财政收入规模的影响

经济发展水平反映一个国家的社会产品的丰富程度和经济效益的高低。一般而言，经济发展水平高，社会产品丰富，国内生产总值就多，则该国的财政收入总额较大，占国内生产总值的比重也较高。当然，一个国家的财政收入规模还受其他各种主客观因素的影响，但有一点是可以肯定的，就是经济发展水平对财政收入的影响表现为基础性的制约，二者之间存在源与流、根与叶的关系，源远则流长，根深则叶茂。

从世界各国的现实状况考察，发达国家的财政收入规模大都高于发展中国家，而在发展中国家中，中等收入国家的财政收入规模又大都高于低收入国家，绝对额是如此，相对数亦是如此。这可以证明财政的一个基本原理：经济决定财政，经济不发达则财源不丰裕。

经济发展水平对财政收入规模的制约关系，可以运用回归分析方法做定量分析。回归分析是考察经济活动中两组或多组经济数据之间存在的相关关系的数学方法，其核心是找出数据之间的相关关系的具体形式，得出历史数据，借以总结经验、预测未来。

由于一定的经济发展水平总是与一定的生产技术水平相适应，较高的经济发展水平往往是以较高的生产技术水平为支撑的，生产技术水平内含于经济发展水平之中，因此，生产技术水平也是影响财政收入规模的重要因素。对生产技术水平制约财政收入规模的分析，事实上是对经济发展水平制约财政收入规模研究的深化。

简单地说，生产技术水平是指生产中采用先进技术的程度，又可称之为技术进步。技术进步对财政收入规模的制约可从两个方面来分析：一是技术进步往往以生产速度加快、生产质量提高为结果。技术进步速度较快，GDP的增长也较快，财政收入的增长就有了充分的财源。二是技术进步必然带来物耗比例降低，经济效益提高，产品附加值所占的比例扩大。由于财政收入主要来自产品附加值，所以技术进步对财政收入的影响更为直接和明显。

2.价格对财政收入规模的影响

财政收入是一定量的货币收入，它是在一定的价格体系下形成的，并且是在一定时点按现价计算的。因此，由于价格变动引起的GDP分配必然影响财政收入的增减。价格变动对财政收入的影响，首先表现在价格总水平升降的影响上。在市场经济条件下，价格总水平一般呈上升趋势，一定范围内的上涨是正常现象，持续地、大幅度地上涨就是通货膨胀；反之，价格持续下降就会形成通货紧缩。当财政收入随着价格水平的上升而同比例地增长时，财政收入就会表现为

"虚增"，即财政收入名义增长，而实际并无增长。在实际经济生活中，价格分配对财政收入的影响可能出现各种不同的情况。物价上升对财政收入影响的几种不同情况为：①当财政收入增长率高于物价上涨率时，名义财政收入增长，实际财政收入也增长；②当物价上涨率高于财政收入增长率时，名义财政收入为正增长，而实际财政收入为负增长；③当财政收入增长率与物价上涨率大体一致时，只有名义财政收入增长，而实际财政收入不增不减。

在实际经济生活中，价格分配对财政收入增减的影响，主要取决于两个因素：一是引发物价总水平变动的原因；二是现行的财政收入制度。

一般来说，连年的财政赤字通常是通货膨胀的重要原因。当为了弥补财政赤字而造成流通中过多的货币投放时，财政就会通过财政赤字从GDP再分配中分得更大的份额；在GDP因物价上升形成名义增长而无实际增长的情况下，财政收入的增长就是通过价格再分配体制实现的。因此，财政收入的增量通常可分为两部分：一部分是GDP正常增量的分配所得；另一部分是价格再分配所得。后者即为通常所说的"通货膨胀税"。

决定价格分配对财政收入影响的另一个因素是现行财政收入制度。如果一个国家实行的是以累进所得税为主体的税制，纳税人适用的税率会随着名义收入增长而提高，即出现所谓"档次爬升"效应，从而使财政在价格再分配中所得的份额有所增加。如果实行的是以比例税率为主的流转税为主体的税制，这就意味着税收收入的增长率等同于物价上涨率，财政收入只有名义增长，而不会有实际增长。如果实行的是定额税率为主体的税制，在这种税制下，税收收入的增长总要低于物价上涨率，所以财政收入即使有名义增长，而实际必然是下降的。

另外，价格变动的情况不同，造成价格变动的原因不同，对财政收入规模的影响也不相同。在一定的财政收入制度下，当商品的比价关系向有利于高税商品（或行业）变动时，即高税商品价格涨幅大于低税商品价格涨幅时，财政收入会有更快的增长，即财政收入的规模将会变大；反之，当商品的比价关系向有利于低税商品（或行业）变动时，即低税商品价格涨幅大于高税商品价格涨幅时，财政收入的规模将会变小。

在市场经济条件下，市场价格总是随市场供求关系而上下浮动，并主要是在买卖双方之间发生再分配，而价格的上下浮动一定会进一步影响财政收入的增减。既然价格是影响财政收入状况的重要因素，那么，国家在有计划地进行价格体制改革和价格宏观调控的过程中，就必须考虑到财政的承受能力。这也就是说，财政的状况也会反过来影响价格体制改革，并成为影响价格体制改革的重要因素。

第二节　财政支出

财政支出与财政收入是财政分配的两个方面：一方面是安排支出；另一方面是筹集收入。财政支出通常也被称为政府支出或公共支出，是政府把筹集到的财政资金用于社会生产与生活各个方面的分配活动。从财政支出的经济性质来看，它是由各级政府集中支配的那部分国民收入和一部分往年积累的社会财富价值，按照不同用途进行的再分配。财政及时拨付经费和进行投资，是国家履行职能的重要保证。

一、财政支出的分类与结构

财政支出是国家各级政府的一种经济行为，是国家对集中起来的财力进行再分配的活动，它要解决的是由国家支配的那部分社会财富的价值如何安排使用的问题。财政支出的不同分类，形成了不同的支出结构，而不同的支出结构，对财政运行进而对经济的运行产生的影响是不同的。

（一）财政支出的分类

财政支出范围广、项目多，涉及多方面的分配关系。为了更有效地使用这部分资金和经费，提高财政支出的经济效益和社会效益，需要对财政支出进行科学分类。

1.按支出的具体用途分类

按支出的具体用途分类是我国财政支出分类的传统方法。这种分类能够较为具体地揭示出财政资金的用途，照此分类形成的项目在我国财政统计表上称为"财政主要支出项目"。

我国的财政支出按支出的具体用途分类，主要包括挖潜改造资金、基本建设支出、流动资金、科技三项费用、地质勘探费、工交商业部门事业费、支援农村生产支出、各项农业事业费、文教科学卫生事业费、抚恤和社会救济费、国防费、行政管理费、价格补贴支出等。按照马克思的社会再生产理论，社会总产品经过初次分配和再分配后，从静态的价值构成的角度划分，可分为补偿性支出、消费性支出和积累性支出；从动态的再生产的角度划分，可分为投资性支出和消费性支出。在任何经济社会里，财政活动都是对社会总产品的分配，财政支出的形成是与社会总产品的分配有密切关系的。因此，财政支出按具体用途分类的项目也可以从静态的价值构成和动态的社会再生产角度分别考察。从静态的价值构成的角度来看，挖潜改造资金属于补偿性支出；基本建设支出、流动资金、科技三项费用、地质勘探费、工交商业部门事业费、支援农村生产支出、各项农业事业费、价格补贴支出等支出中增加固定资产的部分，属于积累性支出；文教科学卫生事业费、抚恤和社会救济费、国防费、行政管理费等属于消费性支出。从动态的社会再生产的角度来看，挖潜改造资金、基本建设支出、流动资金、科技三项费用、地质勘探费、工交商业部门事业费、支援农村生产支出、各项农业事业费、价格补贴支出等支出中增加固定资产的部分，属于投资性支出；文教科学卫生事业费、抚恤和社会救济费、国防费、行政管理费等属于消费性支出。

2.按政府职能分类

按政府职能分类也称为按费用类别分类。政府主要有两种职能：经济管理职能和社会管理职能。财政支出是政府集中使用社会资源，实现政府职能的过程。因此，对应政府的两种职能，财政支出就形成了经济管理支出和社会管理支出。

经济管理支出主要是经济建设费，包括基本建设支出、国有企业挖潜改造资金、科技三项费用、简易建筑费、地质勘探费、增拨国有企业流动资金、支援农村生产支出、工交商业部门事业费、城市维护费、国家物资储备支出等。社会管理支出主要是国防费、行政管理费和社会文教费。其中，国防费主要包括各种武器和军事设备支出，军事人员给养支出，有关军事的科研支出，对外军事援助支出，民兵建设事业费支出，用于实行兵役制的公安、边防、武装警察部队和消防队伍的各种经费，防空经费等；行政管理费主要包括用于国家行政机关、事业单位、公安机关、国家安全机关、司法机关、检察机关、外交机关（包括驻外机构）等的各种经费、业务费、干部培训费等；社会文教费主要包括用于文化、教育、科学、卫生、出版、通信、广播、文物、体育、地震、海洋、计划生育等方面的经费、研究费和补助费等。这样，按照政府职能分类，财政支出可划分为经济建设费、国防费、行政管理费、社会文教费和其他支出共五类。

3.按财政支出的经济性质分类

按照财政支出的经济性质分类，财政支出可分为购买性支出和转移性支出。这种分类也可以说是以财政支出是否与商品和服务相交换为标准的分类。

购买性支出是指政府在市场上购买商品和服务所发生的支出，包括购买进行日常政务所需的和用于国家投资所需的商品和服务的支出。前者如政府各部门的事业费，后者如政府各部门的投资拨款。购买性支出的特点是，这类财政支出是与商品和服务相交换的，财政一方面付出了资金；另一方面得到了相应的商品和服务，即遵循等价交换原则，体现了政府的市场性再分配活动。转移性支出是指政府资金无偿的、单方面的转移，包括补助支出、捐赠支出和债务利息支出等。转移性支出的特点是，这类财政支出不与商品和服务相交换，财政一方面付出了资金；另一方面却无任何所得，即不遵循等价交换原则，体现了政府的非市场性再分配活动。

4.政府支出分类改革

在国际上，从现有的分类方法来看，大体上可以归为两类：一类是用于理论和经验分析的理论分类；另一类是用于编制国家预算的统计分类。

从与财政改革实践结合紧密的统计分类来看，按照国际货币基金组织的分类方法，有职能分类法和经济分类法。按职能分类，财政支出包括一般公共服务支出、国防支出、教育支出、保健支出、社会保障和福利支出、住房和社区生活设施支出、其他社区和社会服务支出、经济服务支出，以及无法归类的其他支出。按经济分类，财政支出包括经常性支出、资本性支出和净贷款。

收支分类改革后设置的政府支出功能分类，参考了国外支出的职能分类办法，同时也考虑了我国政府职能构成和财政管理的实际需要。主要功能支出科目（类、款两级科目）设置情况如下。

（1）一般公共服务。分设32款：人大事务、政协事务、政府办公厅（室）及相关机构事务、发展与改革事务、统计信息事务、财政事务、税收事务、审计事务、海关事务、人事事务、纪检监察事务、人口与计划生育事务、商贸事务、知识产权事务、工商行政管理事务、食品和药品监督管理事务、质量技术监督与检验检疫事务、国土资源事务、海洋管理事务、测绘事务、地震事务、气象事务、民族事务、港澳台侨事务、档案事务、共产党事务、民主党派及工商联事务、群众团体事务、彩票事务、国债事务、其他一般公共服务支出。

（2）外交。分设8款：外交管理事务、驻外机构、对外援助、国际组织、对外合作与交流、对外宣传、边界勘界联检、其他外交支出。

（3）国防。分设3款：现役部队及国防后备力量、国防动员、其他国防支出。

（4）公共安全。分设10款：武装警察、公安、国家安全、检察、法院、司法、监狱、劳教、国家保密、其他公共安全支出。

（5）教育。分设10款：教育管理事务、普通教育、职业教育、成人教育、广播电视教育、留学教育、特殊教育、教师进修及干部继续教育、教育附加及教育基金支出、其他教育支出。

（6）科学技术。分设9款：科学技术管理事务、基础研究、应用研究、技术研究与开发、科技条件与服务、社会科学、科学技术普及、科技交流与合作、其他科学技术支出。

（7）文化体育和传媒。分设6款：文化、文物、体育、广播影视、新闻出版、其他文化体育与传媒支出。

（8）社会保障和就业。分设17款：社会保障和就业管理事务、民政管理事务、财政对社会保险基金的补助、补充全国社会保障基金、行政事业单位离退休、企业关闭破产补助、就业补助、抚恤、退役安置、社会福利、残疾人事业、城市居民最低生活保障、其他城镇社会救济、农村社会救济、自然灾害生活救助、红十字事业、其他社会保障和就业支出。

（9）社会保险基金支出。分设6款：基本养老保险基金支出、失业保险基金支出、基本医疗保险基金支出、工伤保险基金支出、生育保险基金支出、其他社会保险基金支出。

（10）医疗卫生。分设10款：医疗卫生管理事务、医疗服务、社区卫生服务、医疗保障、疾病预防控制、卫生监督、妇幼保健、农村卫生、中医药、其他医疗卫生支出。

（11）环境保护。分设10款：环境保护管理事务、环境监测与监察、污染防治、自然生态保护、天然林保护、退耕还林、风沙荒漠治理、退牧还草、已垦草原退耕还草、其他环境保护支出。

（12）城乡社区事务。分设10款：城乡社区管理事务、城乡社区规划与管理、城乡社区公共设施、城乡社区住宅、城乡社区环境卫生、建设市场管理与监督、政府住房基金支出、国有土地使用权出让金支出、城镇公用事业附加支出、其他城乡社区事务支出。

（13）农林水事务。分设7款：农业、林业、水利、南水北调、扶贫、农业综合开发、其他农林水事务支出。

（14）交通运输。分设4款：公路水路运输、铁路运输、民用航空运输、其他交通运输支出。

（15）工业商业金融等事务。分设18款：采掘业、制造业、建筑业、电力、信息产业、旅游业、涉外发展、粮油事务、商业流通事务、物资储备、金融业、烟草事务、安全生产、国有资产监管、中小企业事务、可再生能源、能源节约利用、其他工业商业金融等事务支出。

（16）其他支出。分设4款：预备费、年初预留、住房改革支出、其他支出。

（17）转移性支出。分设8款：返还性支出、财力性转移支付、专项转移支付、政府性基金转移支付、彩票公益金转移支付、预算外转移支出、调出资金、年终结余。需要说明的是，支出功能项级科目没有完全按政府职能分类，而是根据预算细化和财政支出统计分析的需要，采用了四种不同的办法。

一是按职能设置。如机关服务、小学教育、中学教育、高中教育、高等教育、中医医院、综合医院等。这类项级科目，着重于相关单位如机关服务中心、小学、初中、高中支出的完整反映。比如小学教育，原来用于小学教育的基本建设支出、教育事业费等都要归集在小学教育科目下，这样能完整反映某个小学的支出，便于自上而下进行统计。

二是按活动设置。以全国人民代表大会机关的支出为例，全国人民代表大会机关预算分为基本支出预算和项目支出预算。对单位的基本支出，单独设置行政运行科目反映；基本支出之外的项目支出，属于专门活动的，如人大会议、代表培训、代表工作，单设人大会议、代表培训、代表工作，其他项目支出，未单设科目的，则设置一般行政管理事务反映。按活动设置项级科目，着重于相关单位支出的细化。如各级人民代表大会的支出，通过行政运行、人大会议、代表培训等科目反映，单位的支出被分解，比较细化，也比较透明。

三是分行业设置。对企业的支出，统一按国家统计局新的《国民经济行业分类》设置。比如，在工业商业金融等事务类下的制造业下，设置了纺织业、医药制造业、非金属矿物制造业、电器机械及器材制造业等项，以与国民经济行业统计一致。

四是按资金用途设置。各项专项资金和政府性基金支出，如教育附加费支出，在教育类下单独设项反映；养路费支出，在交通运输类下的公路和水路运输下单独设项反映。这样在汇总时，不仅教育和交通运输两个功能支出是完整的，而且将上述项级科目单独拿出来，也能够得到整个基金的收支情况。

关于支出的经济分类主要反映政府支出的经济性质和具体用途。从形式上看，各项财政支出，虽然都表现为资金从政府流出，但最终的经济影响是存在差异的。有些表现为政府的商品和服务购买，直接对社会的生产和就业产生影响，并最终影响资源配置；有些表现为资金的无偿转移，关系到收入分配，最终对社会生产和就业产生间接影响。支出按功能分类后再按经济分类，除了要细化预算，说明政府各项职能的具体支出差别外，如发了工资，是购置低值易耗的办公用品，还是购置资本性资产，也比较重要的一点，就是方便对政府的支出进行经济分析。

支出经济分类设类、款两级，科目设置情况如下。

（1）工资福利支出。分设7款：基本工资、津贴补贴、奖金、社会保障缴费、伙食费、伙食补助费、其他工资福利支出。

（2）商品和服务支出。分设30款：办公费、印刷费、咨询费、手续费、水费、电费、邮电费、取暖费、物业管理费、交通费、差旅费、出国费、维修（护）费、租赁费、会议费、培训费、招待费、专用材料费、装备购置费、工程建设费、作战费、军用油料费、军队其他运行维护费、被装购置费、专用燃料费、劳务费、委托业务费、工会经费、福利费、其他商品和服务支出。

（3）对个人和家庭的补助。分设14款：离休费、退休费、退职（役）费、抚恤金、生活补助、救济费、医疗费、助学金、奖励金、生产补贴、住房公积金、提租补贴、购房补贴、其他对个人和家庭的补助支出。

（4）对企事业单位的补贴。分设4款：企业政策性补贴、事业单位补贴、财政贴息、其他对企事业单位的补贴支出。

（5）转移性支出。分设2款：不同级政府间转移性支出、同级政府间转移性支出。

（6）赠与。下设2款：对国内的赠与、对国外的赠与。

（7）债务利息支出。分设6款：国库券付息、向国家银行借款付息、其他国内借款付息、向国外政府借款付息、向国际组织借款付息、其他国外借款付息。

（8）债务还本支出。下设2款：国内债务还本、国外债务还本。

（9）基本建设支出。分设9款：房屋建筑物购建、办公设备购置、专用设备购置、交通工具购置、基础设施建设、大型修缮、信息网络购建、物资储备、其他基本建设支出。

（10）其他资本性支出。分设9款：房屋建筑物购建、办公设备购置、专用设备购置、交通工具购置、基础设施建设、大型修缮、信息网络购建、物资储备、其他资本性支出。

（11）贷款转贷及产权参股。分设6款：国内贷款、国外贷款、国内转贷、国外转贷、产权参股、其他贷款转贷及产权参股支出。

（12）其他支出。分设5款：预备费、预留、补充全国社会保障基金、未划分的项目支出、其他支出。

政府收支分类体系改革有助于进一步推进决策科学化、民主化，保证人民依法实现民主决策、民主管理和民主监督政府预算的权利，配合公共财政体制的建立与完善，也是我国财政预算管理的又一项重大改革举措。

（二）财政支出结构

财政支出结构是指各类财政支出占总支出的比重，财政支出的不同分类形成了不同的财政支出结构。财政支出结构表明在现有财政支出规模的前提下财政资源的分布情况。由于社会公共需要是多方面的，而资源又是有限的，政府在通过财政支出满足社会公共需要的过程中，要用有限的资源满足多种需要，就必须按各种需要的比例，合理地分配资源，使资源分布状况与各种需要之间合乎比例，因此，优化财政支出结构，直接关系到财政支出本身的效率和经济效率。不同的国家，不同的历史时期，财政支出结构会呈现不同的状况，其一般规律有以下几点。

1.财政支出结构变化受政府职能的影响

财政支出是政府活动的资金来源，因此，政府职能的大小和侧重点，直接决定财政支出结构，有什么样的政府职能，也就应当有其相应的财政支出结构。如果政府侧重于经济管理职能，财政支出结构就会偏重于资源动员和经济事务方面的支出；如果政府侧重于社会管理职能，财政支出结构就会偏重于行政管理、法律秩序、防卫等维持国家机器正常运转方面的支出。从我国的财政支出结构来看，经济建设费所占比重的下降趋势是非常明显的。这主要有两方面的原因：一是流动资金支出下降。从1983年7月开始，除了核工业部、航空航天工业部所属的少数国有企业外，绝大多数国有企业的流动资金供应从拨款改为由银行贷款。二是基本建设支出下降。在经济体制改革过程中，投资主体的多元化及投资主体的资金来源多元化，使得预算内基本建设支出比重迅速下降。由此可见，政府的经济管理职能在逐步弱化。从社会管理支出方面来看，为了推动科教兴国的战略方针，政府不断加大对教育、科学等领域的投入，除个别年份外，社会文教费的比重保持上升趋势，行政管理费和其他支出也一直在持续上升。可见，政府的社会管理职能在日益加强。不过，在社会管理支出的增长中，有合理的成分，也有不合理的成分。首先，社会文教费的增长是合理的。随着我们对"科学技术是第一生产力"认识的提高，政府理应重视加大对教育、科学等领域的财政投入。其次，行政管理费的增长不尽合理。随着社会经济发展，经济活动日趋复杂，公共事务也日益增加，行政管理支出增加有其必然性，但是，其增长速度过快，与政府机构臃肿、人员膨胀、公用经费缺乏明显的界限、预算约束软化也是分不开的。

2.财政支出结构变化受经济发展阶段的影响

在经济发展的早期，政府投资应占较大的比重，公共部门为经济发展提供社会基础设施如交通、通信、水利设施、环境卫生系统等方面的投资。在经济发展的中期，私人部门的资本积累较为雄厚，各项经济基础设施建设也已基本完成，政府投资只是对私人投资的补充。因此，政府投资在财政支出中的比重会下降。在经济发展的成熟期，人们对生活质量提出了更高的要求，政府将增加对教育、保健与福利服务等方面的支出。从我国的实际情况来看，随着经济发展水平的进一步提高，政府对教育、卫生、社会保障和福利方面的支出比例在逐渐增加，这也是与经济发展阶段相适应的财政支出结构逐步优化的过程。

二、财政支出原则

（一）公平与效率兼顾原则

兼顾公平与效率是评价一切社会经济活动的原则。在财政支出活动中也存在公平和效率，应该遵循公平与效率兼顾的原则，不能只顾某一方面而忽视另一方面，但是，在具体的政策实施中，一国政府可以根据一定时期的政治经济形势侧重于某一方面。财政支出的效率是与财政的资源配置职能相联系的。财政在利用支出对资源进行配置时，要实现社会净效益（或净所得）最大化，这样的资源配置才是有效率的，即当改变资源配置时，社会的所得要大于社会的所失，差额越大效率越高。要实现财政支出效率，必须控制和合理分配财政支出，要有评价财政支出项目与方案的科学方法和制度保证，安排财政支出的结果要能实现社会净效益最大化。财政支出的公平是与财政的收入分配职能相联系的。收入分配的目标就是实现公平分配，但是，市场在对社会成员的收入进行初次分配时，主要是以要素贡献的大小来确定其报酬或价格水平的，其结果可能导致社会成员收入分配产生巨大差距。财政的收入分配职能就是通过财政的再分配活动，压缩市场经济领域出现的收入差距，将收入差距维持在社会可以接受的范围内。对于一个社会来说，在强调经济效率的同时不能忽视社会公平的重要性。社会经济的稳定与发展是资源的有效配置和收入的合理分配的综合结果，实际上也是贯彻公平与效率兼顾的结果，因此，社会经济的稳定与发展是兼顾公平与效率的体现。

（二）量入为出与量出为入相结合原则

量入为出是指政府应根据一定时期（通常为一年）内的财政收入总量来安排财政支出，要力争做到财政收支基本平衡。量入为出体现了一国经济发展水平对财政支出的制约。量出为入是指应考虑国家最基本的财政支出需要来确定收入规模。量出为入肯定了政府公共支出保持必要数量的重要作用。量入为出和量出为入一直是我国古代财政思想的两极。"量入以为出"的思想最早见于《礼记》，为我国历史上的多数王朝所采用。到了唐朝德宗时，宰相、理财家杨炎提出了与之相反的思想。他说，国家的一切开支应"先度其数而赋予人，量出以制入"。他把国家一切开支先估算出一个数额，然后定出税额向人民收取，这一原则就是量出为入。作为财政支出的原则，应该将量入为出和量出为入结合起来。从量入为出与量出为入原则的相互关系看，应当肯定量入为出是一国实现财政分配的相对稳定、防止财政收支不平衡和因此产生的社会经济问题的最终选择，因此，量入为出原则具有普遍的实践意义，是政府安排财政支出必须坚持的基本准则，也是实现量出为入原则的基础。而量出为入原则是随着国家社会的发展，以及对政府在资源配置上的重要地位的肯定，为保障必不可少的公共支出的需要而形成的，但并不是指政府可以任意扩大财政支出。在现代社会中，只有把量入为出与量出为入的财政支出原则有效地结合起来，才能既避免财政分配的风险，又有利于政府公共职能的实现。

三、财政支出效益分析

（一）如何理解财政支出效益

1.财政支出效益的含义

所谓效益，从经济学的一般意义上讲，是指人们在有目的的实践活动中"所费"和"所得"的对比关系。所费，就是活劳动和物化劳动的消耗与占用；所得，就是有目的的实践活动所取得的有用成果。所谓提高经济效益，就是"少花钱、多办事、办好事"。财政支出效益研究的是财政支出规模多大、怎样的支出结构才能使经济和社会发展最快的问题。财政支出的规模应当适当，结构应当合理，其根本目标就是提高财政支出效益。因此，财政支出效益主要从两个角度考察：①财政支出总量效益，即财政支出在总量上应该多大才合适，如何确定适度的财政支出规模，以促进经济更快发展。这要分析财政支出占GDP的比重。②财政支出结构效益，即财政支出项目间的组合效益。财政支出各项目不同的使用比例，会带来不同的效益。

2.财政支出效益与微观经济主体支出效益的比较

财政支出效益和微观经济主体支出效益存在重大差别。

首先，两者计算所费和所得的范围不同。微观经济主体只计算发生在自身范围内的直接的和有形的所费和所得；而政府除了要计算直接的和有形的所费和所得之外，还要计算长期的、间接的和无形的所费和所得。

其次，两者择优的标准不同。微观经济主体追求的是利润最大化，所选方案要能够带来尽可能大的经济效益；而政府追求的是整个社会的最大效益，不仅要考虑经济效益，还要考虑社会效益，不回避可能的、必要的局部亏损。

最后，两者效益的表现形式不同。微观经济主体支出效益的表现形式单一，即只须采用货币计算的价值形式；而政府财政支出效益的表现形式具有多样化特征，除价值形式以外，还可以通过其他如政治的、社会的、文化的等多种形式表现出来。所以，政府在提高财政支出效益的过程中面临的问题更为复杂。

（二）财政支出效益的评价方法

财政支出项目多种多样，针对不同类别的财政支出项目，就有不同的财政支出效益的评价方法。

1.成本—效益分析法

所谓成本—效益分析法，就是指针对政府确定的项目目标，提出若干建设方案，详列各种方案的所有预期成本和预期效益，并把它们转换成货币单位，通过比较分析，确定该项目或方案是否可行。采用成本—效益分析法的财政支出项目，如生产性投资之类，成本易于衡量，其效益是经济的、有形的，可以用货币计量。成本—效益分析法最早产生于美国的《1936年防洪法案》，如今，这种方法已经得到了广泛的应用。

2.最低费用选择法

最低费用选择法，是指只计算每项备选项目的有形成本，并以成本最低为择优的标准。采用最低费用选择法的财政支出，如行政管理、国防等方面的支出，其成本易于计算，但效益难以衡量，而且通过此类支出所提供的商品或服务，不可能以任何形式进入市场交换。运用这种方法确定最优支出方案，技术上不难做到，难点在于备选方案的确定，因为所有备选方案应能无差别地实现同一个既定目标，据此再选择费用最低的方案，但要做到这一点是很困难的。

3.公共定价法

公共定价是指政府相关管理部门通过一定程序和规则制定提供的公共产品的价格和收费标准。采用公共定价法的财政支出项目，成本易于衡量，效益难以计算，但通过这类支出所提供的商品或服务，可以部分或全部地进入市场交易。从定价政策看，公共定价实际上包括两方面：一是纯公共定价，即政府直接制定自然垄断行业（如能源、通信、交通等公用事业和煤、石油、原子能、钢铁等基本品行业）的价格；二是管制定价或价格管制，即政府规定竞争性管制行业（如金融、农业、教育和医药等行业）的价格。政府通过公共定价法，能够提高整个社会资源的配置效率，使这些产品和服务得到最有效的使用，从而提高财政支出的效益。

第五章　税收基础知识

第一节　税收的含义与要素

一、税收的含义

（一）税收的一般概念

税收是一个人们十分熟悉的古老的经济范畴，在历史上也称为赋税、租税或捐税等。它是国家为向社会提供公共产品，凭借政治权力，按照法定标准，强制地、无偿地参与国民收入分配而取得财政收入的一种分配方式，它也是国家用以控制和调节经济的重要工具。

对税收概念的内涵与外延，可从以下四方面去理解。

1.税收是国家取得财政收入的一种方式

从最简单最直观的现象看，税收首先是国家取得财政收入的一种方式。从纵向角度看，历史上不同社会制度的国家为取得财政收入曾采用多种方式，但其中都包括税收这种方式。从横向角度看，在现代经济社会，国家财政收入除了税收以外，还有债、费、利等多种形式，虽然不同国家税收收入占财政收入的比重有所不同，但绝大多数国家都把税收作为组织财政收入的主要手段。

2.国家征税的目的是为社会提供公共产品

税收作为一种分配形式，从本质上说是以满足社会公共需要为基本目的的。公共需要作为一种社会的客观需要，它的物质内容表现为公共产品和公共服务。这类公共产品具有非排他性和非竞争性的特点，由此决定了社会成员不可能通过市场交换的方式来取得公共产品，也决定了满足公共产品需求的分配必须由履行社会公共职能的国家来执行。国家征税，取得财政收入不是目的，而只是一种手段，其目的是为社会提供公共产品。国家在提供公共产品和公共服务的过程中要有相应的人力和物力消耗，形成一定的支出。对这类支出的补偿正是国家征税的目的所在。

3.国家征税的依据是政治权力

国家取得任何一种财政收入，总要凭借某种权力。而国家权力归根结底不外乎两种，即财产权力和政治权力。国家要取得财政收入，所依据的不是财产权力就是政治权力，两者必居其一。税收则不同，它所依据的是国家的政治权力。也就是说，国家征税带有政治强制性，这种政治权力是通过法律来执行的。因为征税使一部分属于私人所有的社会产品转变为国家所有，必然会引起国家与纳税人的利益冲突。国家只有运用法律的权威性，才能把税收秩序有效地建立起来；也只有通过法律形式，才能保证及时、足额地取得税收，并使国家在税收上的意图得到贯彻执行。

4.税收是国家调节经济的重要工具

税收作为一种财政分配形式，就其与生产的关系来说，一方面要受生产的决定和制约；另一方面又积极影响生产。恩格斯说过，分配并不仅仅是生产和交换的消极的产物，它反过来又同样地影响生产和交换。税收影响和调节经济，首先表现在国家可以运用税收分配政策调节社会的需求总量，实现社会经济的稳定。例如，在经济萧条时期，国家可以采用减税的方法刺激投资和消费，刺激经济增长。其次，国家可以通过税收收入结构的变化影响社会经济结构的变化。例如，在市场经济条件下，国家可以采用轻税或重税政策，鼓励或限制某一产业或行业的发展，从而改变产业结构。

（二）税收的形式特征

税收的形式特征，是指税收这种财政收入形式区别于其他财政收入形式的基本标志，是税收本身所固有的表象特征。具体而言，是指税收的强制性、无偿性和固定性。

1.税收的强制性

税收的强制性，是指税收依靠国家权力的强制征收而取得，国家以法律形式来确定政府作为征税者和社会成员作为纳税人之间的权利与义务关系。任何组织和个人都必须依法履行纳税义务，否则就会受到法律的制裁。不论何种社会，税收之所以成为财政收入的强有力形式，就在于它有法律保证。税收的这种强制性与公债收入、规费收入、公有财产收入等其他财政收入形式有明显的区别。

税收之所以具有强制性，是由税收作为补偿公共产品价值的这一分配性质所决定的。由于政府提供的公共产品具有非排他性、非竞争性的特点，因此社会成员在消费公共产品时是不会自愿付费的，政府只有通过强制征税的方式才能使公共产品的价值得以补偿。

2.税收的无偿性

税收的无偿性，是指国家征税后，既不需要偿还，也不需要向纳税人付出任何报酬。税收的无偿性是就政府与具体纳税人之间关系而言的，二者权利和义务关系是不对等的。政府向纳税人征税，不是以具体提供公共产品和公共服务为依据；而纳税人向政府纳税，也不是以具体分享公共产品和公共服务利益为前提。就税收的这种无偿性而论，税收和其他财政收入形式是明显不同的。例如，国家发行公债，取得债务收入，国家是作为债务人对债券持有者具有直接的偿还关系，即公债收入是有偿的，必须按期还本付息。规费收入也体现一种有偿性，它是以国家机关为居民提供某种服务为前提的。

税收的无偿性是由财政的无偿分配所决定的。国家财政支出体现着国家在实现其公共职能过程中所耗费的物质资财，财政支出是无偿分配的，因此，国家凭借政治权力取得用于这种支出的财政收入——税收，也只能是无偿的。

3.税收的固定性

税收的固定性，是指国家通过法律形式，预先规定征税的对象及征收的比例或数额，并按预先确定的标准实施征税。税法一经公布实施，征纳双方都必须严格遵守。纳税人必须依法纳税，不得偷漏和拖欠。税务机关也必须依法征税，不得随意降低或提高征收标准。税收的固定性，既有利于纳税人生产经营活动的正常开展，也有利于国家财政收入的稳定。同时，对征纳双方的法律约束也符合市场经济发展的要求。

应该指出的是，对税收的固定性不能误解为课税对象和征收比例永远固定不变。事实上，随着社会经济的发展变化及国家经济政策的改革和调整，税收的课税对象和征收比例是不断变化的。但课税对象和征收比例的调整变化是要通过法律形式事先规定的，而且在一定时期内要求相对稳定。因此，税收的固定性特征是相对的。

上述税收的三个形式特征是税收的一般特征，是任何社会制度下税收所共有的特征。同时，这三个特征是缺一不可的统一整体，是税收区别于其他财政收入的基本标志，也是鉴别一种财政收入是不是税收的基本尺度。因此判断一种财政收入是不是税收，不能看它的名称，也不能用其他标准，只能看它是否同时具备这三个形式特征。同时具备这三个特征的才是税收，否则就不能算作税收。

二、税收职能

税收职能是指由税收本质所决定，内在于税收分配过程中的职责与功能。税收职责是指税收在社会再生产中所承担的根本任务，表明税收应该做什么的问题。税收功能是指税收完成其根本任务的能力，表明税收能够做什么的问题。两者的结合构成了税收的职能。

税收职能可以从两个方面考察：一是税收作为政府提供公共产品，满足社会公共需要的价值补偿所具有的功能；二是税收作为政府履行职责的政策工具所具有的功能。具体可分为筹集资金职能、资源配置职能、收入分配职能和宏观调控职能。

（一）筹集资金职能

税收的筹集资金职能，是税收所具有的从社会成员处强制性地取得一部分收入，用以满足国家为履行公共事务职能、提供公共产品所需物质的功能。

1.税收筹资的特点

在现代经济社会，国家筹集财政资金的手段除税收外，还有公债、利润上缴、专项基金、规费等多种形式。但和财政收入的其他形式相比，只有税收能够为政府提供持续、足额、稳定的财政资金。现代国家之所以越来越依赖于税收方式筹集收入，税收占财政收入的比重越来越大，是与税收收入的特点密不可分的。与其他财政收入形式相比，税收筹集收入有以下特点。

（1）来源的广泛性。从社会再生产各环节看，国家既可以在生产领域征税，又可以在流通领域、分配领域、消费领域征税。从产业构成看，国家既可以对农业、工业等第一、第二产业部门征税，也可以对商业、服务业等第三产业部门征税，所有产业部门均可划定在国家的征税范围之内。从课税对象看，国家既可以选择对商品劳务征税，也可以选择对所得额征税，还可以选择对各种资源、财产、行为征税。由此可见，税收深入社会经济生活的各个角落，保证了财政收入拥有广泛普遍的来源，这是其他任何一种财政收入形式所不及的。

（2）形成的稳定性。首先，由于税收来源广泛，使不确定因素对税收影响较小。其次，税收是凭借国家的政治权力依法征收的，因而不受财产权力的限制。任何人只要发生了应税收入、所得、财产、行为就必须依法纳税，税款归国家所有，不再直接返还给纳税人，这就使税收收入建立在稳定、可靠的基础之上。

（3）获得的连续性。税收由不同的经济组织和个人直接缴纳，但最终来源于国民收入。只要社会再生产连续不断地进行，国民经济正常运行，国民收入被源源不断地创造出来，政府就能持续地获得税收收入。

2.税收筹资的规模

（1）税收收入规模取决于政府为社会提供公共产品的财力需求。公共产品又分为纯公共产品和准公共产品两类。纯公共产品是同时具备非竞争性和非排他性的产品和服务，比如国防、司法、行政管理等。纯公共产品一般情况下无法由市场提供，而只能由政府提供，因此，满足纯公共产品的社会需求是政府税收收入规模的最低需求。准公共产品是不完全具备非竞争性和非排他性，或只具备两个特征之一的产品和服务，比如医疗、教育、交通等。准公共产品可以由市场提供，也可以由政府提供，选择哪一种提供方式主要取决于效率、公平等多种因素的考虑。如果准公共产品由政府提供比市场提供效率更高，或更有利于公平，那么，税收收入规模就要考虑政府提供准公共产品的需求。

（2）税收收入规模还取决于政府取得收入的可能。税收收入的增长是受一定条件制约的。从客观条件看，税收收入的多少是由经济发展水平决定的，经济发展的规模和增长速度及经济效益的水平决定了税收收入的规模和增长速度。从主观条件看，税收收入的增长还受到政府税收政策实施、税收制度建设状况及税务征收管理水平的制约。只有建立完善公平的税收制度、科学高效的征收管理体系，才能够保证税收收入的有效增长。

3.税收筹资的实现

要顺利实现税收筹集财政收入的职能，除了要正确处理税收增长与经济发展的关系，通过发展生产和提高效益来促进税收收入增长之外，还应从以下三方面着手。

（1）适应市场经济发展的需要，不断拓宽税收聚财的领域。在我国传统的计划经济体制下，由于国家集国有资产的所有权和管理权于一身，主要以利润上缴形式从国有企业取得财政收入，再加上所有制结构的单一化，因此，国家与企业的分配关系并不主要依靠税收来解决，税收聚财的范围较窄，聚财的功能有限。随着我国社会主义市场经济体制的建立与发展，客观上要求税收适应国民收入分配格局的变化，适应生产要素全面进入市场的状况，不断扩大税收对经济生活的覆盖面，拓宽税收聚财的领域：一是随着政府职能的转变和国有企业经营机制的转换，政府与国有企业的关系要由"父子关系"、行政隶属关系变为经济关系、税收关系，税收要成为处理国家与国有企业分配关系的最主要手段；二是随着集体企业、三资企业、私营企业等多种经济成分的不断发展，非国有经济创造的产值已是全部产值的70%，国家要改变过去只注重从国有企业单一渠道取得收入的做法，转向注重从多种经济成分中依法取得收入；三是随着第三产业的迅猛发展，资金、财产、土地、劳务、技术、信息等生产要素逐步进入市场，也大大拓宽了税收的聚财领域。

（2）加强税收立法，完善和健全税收制度。健全完善的税收法规和税收制度是发挥税收聚财功能的基本保证。如果税法不统一、税制不完善，就会造成企业之间税收负担的不合理、市场竞争的不公平，从而限制税收组织收入作用的发挥。同时，税收法制不健全，也影响了税法执行的刚性和严肃性，税收在组织收入的过程中极易受到方方面面的干扰。因此，要逐步加强我国的税收立法，完善税收制度，确保税收聚财功能的实现。

（3）加强税收征管，为充分发挥税收的聚财功能提供管理保证。要发挥税收组织收入的作用，还必须加强税收征管工作，逐步建立起科学严密的税收征管体系，堵塞税款的跑、冒、滴、漏，切实做到以法治税，应收尽收。

（二）资源配置职能

税收的资源配置职能，是税收所具有的，通过一定的税收政策、制度，影响个人、企业经济活动，从而使社会经济资源得以重新组合、安排的功能。

在社会主义市场经济条件下，社会资源配置主要是通过市场而不是通过政府来实现的。但是市场的资源配置作用也不是万能的，它存在自身无法弥补的缺陷。首先，市场主体利益的局限性，使市场调节具有一定的盲目性。市场机制是通过商品生产者本身利益驱动的，它们的出发点是微观利益，而不是社会利益。因此，对社会宏观需求，对不具有排他性和竞争性的公共产品，市场调节是失效的，不可能通过市场竞争来提供满足社会公共需求的产品和劳务，如任何社会所必需的行政管理、国防和电力、供水、道路、交通设施等。其次，市场信号对生产调节具有局限性和滞后性。商品的暂时脱销和积压、投机者的抛售行为和抢购都会给市场发出不准确、不全面甚至是错误的信息。市场调节是根据市场的价格信号去支配生产经营者行为，而市场价格是根据业已形成的供求关系产生的。对正在形成和变化的供求关系，市场价格是无法反映的，从而会引起市场调节的滞后性。因此就要求有一种兼顾微观主体利益和社会需要的配置手段，这种手段能够在保证企业对资源配置基本要求的基础上实现资源配置的最大社会效益，税收就是这样一种手段。税收作为政府调节经济的杠杆，可以在资源有限和多种资源需求的矛盾中寻求一种社会产出最大或社会效益最大的资源投入方向和资源配置结构。

税收对资源配置的功能主要体现在以下三方面。

1.调节和影响经济结构

经济结构是指国民经济各个部门、各个地区、各种经济成分、各经济组织及社会再生产各方面的构成及其相互联系、相互制约的关系。经济结构的内涵十分丰富，表现形式亦多样化，包括产业结构、地区结构、所有制结构等多方面内容。税收影响经济结构，是指国家通过合理设置税种，制定科学的差别税率和针对性强的税收奖限政策等，形成税收上的利益差别机制，引导资源的有效配置和经济结构的优化组合。

（1）调节产品结构或产业结构。不同产品或产业的发展，在很大程度上取决于该产品或产业的盈利水平，而税收对产品或产业的盈利水平具有重要的影响。在价格不变的情况下，增加税收会减少利润，从而限制某种产品或产业的发展；反之，减少税收会增加利润，从而鼓励某种产品或产业的发展。对不同产品、不同行业制定不同的税收奖限政策和差别税率，可以引导产业和产品结构优化。例如，农业、能源、交通、原材料基础工业是我国产业政策扶植的重点，因此在征税上应实行轻税政策，促进这些产业部门的发展。

（2）调节生产力地域结构。生产力在不同地区的配置，不仅受自然资源、交通运输、技术基础、经济协作等客观因素的制约，而且还受税收政策的影响。如果各地区税收政策没有差别，生产力就会涌向客观条件较好的地区，出现各地区经济发展不平衡的现象。如果在税收政策上根据各地区不同情况区别对待，对客观条件较差、经济发展落后的地区给予一定的优惠待遇，就会促进这些地区的经济发展，使生产力地域结构更趋合理。例如，在西部大开发中，对西部投资给予更多的税收优惠，既有利于这些地区的经济发展，又有利于各地区的经济平衡。

（3）调节企业组织结构。不同的企业组织结构对资源的有效利用和经济效益的提高会产生不同的影响，通过税收政策和制度的安排，有利于企业实现经济效益的最大化。例如，对企业商品销售实行多环节按增值额征收的商品课税，由于避免了重复课税，对企业的组织结构选择的影响是中性的，从而有利于促进专业化协作企业的发展。又如，对企业集团实行相对灵活的所得税申报政策，可以提高企业集团的税后收益，有利于企业的集团化、规模化发展。

2.纠正外部经济

在市场经济条件下，由于存在外部经济的影响，企业的会计成本和收益不能真实反映企业的实际成本和收益，导致价格失真，使企业决策有可能偏离有效资源配置状态。通过税收的制度安排和政策引导，改变企业的成本和收益，进而通过改变的价格来调整资源的配置状态。外部经济包括外部成本和外部收益两个方面，税收的调节也从这两方面着手。

（1）纠正外部成本。外部成本是指在企业生产成本中没有得到反映的成本，或者说是企业成本和社会成本的差额。例如，企业生产中所造成的环境污染就属于没有通过企业成本补偿，却给社会带来损害的外部成本。如果对产生外部成本的产品征税，以税收替代外部成本，将使低于社会成本的企业成本抬高，使企业按社会成本来决定价格和产出，进而有利于改善资源配置状况。

（2）纠正外部收益。外部收益是指在企业收益中没有得到反映的收益，或者说是企业收益和社会收益之间的差额。例如，企业利用"三废"（废水、废气、废渣）作为原材料生产产品所创造的社会效益，就属于没有计入企业收益却给社会带来福利的外部收益。如果对产生外部收益的产品给予减免税或补贴，以减免税或补贴来反映外部收益，使低于社会收益的企业内部收益得以提高，使企业按社会收益来决定价格和产出，进而有利于改善资源配置状况。

3.有效利用资源

资源的有限性与资源的需求是发展经济的一对矛盾。解决这一矛盾除了依靠市场机制的基础性调节外，还可通过税收政策引导资源的有效配置。例如，当某种资源紧缺应限制消费时，就提高对该资源利用的税收；当某种资源充裕应鼓励消费时，就降低对该资源利用的税收。

另外，企业在自然资源占有情况上的不同，会形成企业之间的级差收益。如果任其差异存在，必然造成企业之间的不平等竞争，造成"采易弃难""采富弃贫"的资源浪费现象。因此，按自然资源级差收益征税，一方面可形成国有资源的有偿使用机制，增加政府财政收入；另一方面也能促使企业合理利用和有效配置资源。

（三）收入分配职能

税收的收入分配职能，是税收所具有的，通过一定的税收政策、制度，影响社会成员收入分配格局的功能。

分配指的是社会产品的分配，它决定社会成员占有生产成果的比例。我国社会主义市场经济条件下的现行分配机制为：按劳分配为主体，多种分配方式并存。但由于个人能力有别，个人拥有要素质量、数量及机会的差异，终使个人收入分配结果发生较大差异，从而同按社会伦理角度所确立的公平分配的要求发生矛盾和冲突，可能导致社会的不稳定。因此，要求政府来纠正市场分配缺陷，实现公平分配的目标。

税收对个人收入分配的影响可以通过不同的税种体现出来。

1.所得税对个人收入分配的影响

对个人收入征收个人所得税，在采用累进税率的情况下，征收额随着个人收入的增加而递增，对低收入者按比较低的税率征税或不征税，对高收入者按比较高的税率征税，可以有效缩小高收入者和低收入者之间的收入差距。另外，对不同性质和来源的个人收入，采取区别对待的税收政策，对劳动所得采用低税率，对资本所得采用高税率，既可调节个人收入结构，也能有效缩小收入差距，实现社会公平。

2.商品税对个人收入分配的影响

在商品税由消费者负担的情况下，征收选择性的商品税或实行高低不等的差别税率，既可降低个人的购买能力，也可调整个人的消费结构。例如，我国实行的消费税，主要选择对非生活必需品和奢侈品征税，并采用差别税率，征税品目更多地针对高收入者的消费需求。这样，高收入者在满足自身需求的同时，也相应接受了税收调节，缩小了与低收入者之间的收入差距。

3.财产税对个人收入分配的影响

在财产占有不均衡、贫富差距较大的情况下，通过开征遗产税、赠与税等可以调节个人财产的占有状况及财产所有人的收入，有效缩小贫富差距。

（四）宏观调控职能

税收的宏观调控职能，是税收所具有的，通过一定的税收政策、制度，影响社会经济运行，促进社会经济稳定和发展的功能。在市场经济条件下，税收宏观调控职能主要体现在调控经济总量和调节供给结构两个方面。

1.调控经济总量

总供给与总需求的矛盾是社会经济运行中的主要矛盾，供求失衡往往会造成经济过分扩张、物价上涨、经济衰退、大量失业等问题，影响整个社会经济的协调稳定发展。因此，各国政府都非常重视运用经济、法律、行政等手段对经济总量施以调控。其中，税收调节是政府运用最多、最得力的手段之一。

税收对经济总量的调控主要是通过提高或降低税率、扩大或缩小税基等来减少或增加人们的货币购买或支付能力，达到抑制需求或刺激需求的目的，求得社会总供给和总需求在总量上的平衡。其基本做法是：当有效需求不足使总需求小于总供给而导致经济萎缩时，政府要选择扩张性税收政策，降低税率，减少税收，增加企业和个人可支配收入，增加投资和消费，通过扩大社会总需求，促进经济的复苏和增长。相反，当需求过旺使总需求大于总供给而导致物价上涨、通货膨胀时，政府要选择紧缩性税收政策，提高税率，增加税收，减少企业和个人可支配收入，减少投资和消费支出，通过抑制社会总需求来减轻通货膨胀的压力。税收的上述调节作用，在以所得税为主体税种并采取累进税率的发达国家表现得尤为突出。

2.调节供给结构

造成总供给与总需求失衡的原因，可能是由于总需求的过度膨胀或过度萎缩引起的，也可能是由于总供给的不足或过剩引起的。而总供给问题引起的经济失衡，又往往是由于供给结构不合理所造成的。例如，当国民经济中的某些关键部门，如能源、交通等部门发展滞后，满足不了其他部门的需求时，就会拖累整个经济的发展。而当某些经济部门生产过剩时，又会造成资源浪费、产业萎缩。税收对供给结构的调节，一方面通过低税或减免税政策，支持和促进国民经济"瓶颈"部门的发展，支持和促进短线产品的生产；另一方面通过高税率政策，限制长线产品的生产，促进产业结构的合理优化。

三、税收要素

税收要素是构成税种、税收制度的基本元素，也是进行税收理论分析和税收制度设计的基本工具。它包括税基、纳税人、税率、纳税环节、纳税期限、纳税地点和纳税减免等多个要素。其中纳税人、税基和税率是税收制度的三个最基本要素，因为它们解决了税收的三个最基本的问题：对什么征税、征多少税和向谁征税。

（一）纳税人

纳税人是纳税义务人的简称，亦称纳税主体，是税法规定的直接负有纳税义务的单位和个人。每一种税都有特定的纳税义务人，纳税人说明一种税由哪些组织和个人缴纳，它是税法构成的最基本要素之一。

纳税人包括自然人和法人两种。所谓自然人，是指负有纳税义务的公民或居民个人，如从事工商营利事业的个人，以及有应税收入或有应税财产的个人。所谓法人，是指依法成立并能独立行使法定权利和承担法律义务的社会组织，主要是各类公司、企业。不论是自然人还是法人，在国家税法规定的范围内，都是法定纳税义务人，直接同国家税务机关发生征纳关系。在无正当理由而不履行纳税义务时，将受到国家法律的制裁。

与纳税人有联系的一个概念是扣缴义务人。扣缴义务人是代扣代缴义务人和代收代缴义务人的统称，它是税法中规定的，在其经营活动中负有义务扣除或收取应纳税款，并代为向国库缴纳的单位和个人。扣缴义务人必须按税法规定履行其扣缴义务，否则将会受到相应的法律制裁。扣缴义务人依法履行其扣缴义务时，纳税人不得拒绝，税务机关可按规定付给其一定比例的手续费。

　　与纳税人有联系的另一个概念是负税人，负税人是指税款的最终承担者。当纳税人所缴纳的税款是由自己负担时，纳税人与负税人是一致的。当纳税人通过一定途径将税款转嫁他人负担时，纳税人就不是负税人。

（二）课税对象

　　课税对象又称征税客体，是指税法规定的征税的目的物。每一种税都必须明确规定对什么征税，不同的税种有不同的征税对象，它是一个税种区别于另一个税种的主要标志。根据不同的征税目的和客观经济状况，国家可以选择多种多样的课税对象，如对商品课税、对所得课税、对财产课税、对资源课税，以及对特定经济行为课税等。课税对象是税收制度的基本要素之一，它与税源、税基、税目等概念密切相关。

　　税源是指税收的经济来源，一般来说，税源来自物质生产部门劳动者创造的国民收入。从税源与课税对象的关系看，有些税种的税源与课税对象是一致的，如企业所得税，它的税源与课税对象都是纳税人的利润所得；有些税种的税源与课税对象并不一致，如财产税，课税对象是财产的数量或价值，而税源则是财产带来的收益或财产所有人的收入。作为税法，只规定课税对象而不规定税源，是因为国家税收对经济的调节一般是从课税对象入手，而不直接涉及税源，但是作用的最终归宿主要还是在税源上。由此可见，课税对象是征税的直接依据，而税源则是税收负担的最终归宿。

　　税基的概念可以从两个方面理解：一方面从宏观角度看，税基是指征税的经济基础，通常分为收入型税基、消费型税基、财富型税基三大类。这是在税收经济分析时经常使用的概念。另一方面从微观角度看，税基是指计算税额的基础或依据，又称为计税依据。如果说课税对象是对征税客体的质的规定，那么计税依据则是对征税客体的量的规定。课税对象与计税依据虽然都是反映征税客体的，但两者要解决的问题却不相同。课税对象是解决对什么征税的问题，计税依据则是解决课税对象的计量问题。例如，消费税的课税对象是列举的消费品，而计税依据则是消费品的销售收入。

　　税目是指税法规定的课税对象的具体项目，它具体地规定一个税种的征税范围，体现了征税的广度。有的课税对象简单、明确，不再划分税目；有的课税对象则包括多个税目。划分税目的目的，是进一步明确具体的征税范围，以利于贯彻国家的经济政策和充分发挥税收的调节作用。

（三）税率

税率是应纳税额与课税对象数额之间的比例。税率是计算税额的尺度，体现了征税的深度。在课税对象数额已经确定的前提下，国家征税数量的多寡和纳税人税收负担的轻重取决于税率水平的高低，国家对经济活动的奖限政策也主要体现在税率方面，所以税率是税收制度的中心环节。一般来说，税率可分为比例税率、累进税率和定额税率三种形式。

1.比例税率

即对同一课税对象不论数额大小，都按同一比例征税。比例税率是一种最常见、应用最广泛的税率，适用于许多课税对象。

在实际运用中，比例税率又分为统一比例税率和差别比例税率。统一比例税率是指一种税只设一个比例税率，所有的纳税人或征税项目都适用同一税率。差别比例税率是指一种税设两个或两个以上的比例税率，不同的纳税人或不同的征税项目分别适用不同的税率。我国税制中的差别比例税率又包括以下四种。

（1）产品差别比例税率，如消费税。

（2）行业差别比例税率，如营业税。

（3）地区差别比例税率，如城市维护建设税。

（4）幅度差别比例税率。

按产品类别或品种设计税率，同一产品采用同一税率，产品即按行业设计税率，同一行业采用同一税率，行业不同则税率即按不同地区的生产力发展水平和收益差异设计不同的税，即税法规定的税率有一个从低到高的幅度，由地方政府根据本地区的实际情况，在规定的幅度内确定具体的适用税率。如我国娱乐业就曾实行过5% ~ 20%的营业税幅度差别比例税率。

比例税率的优点：一是同一课税对象的不同纳税人税收负担相同，有利于纳税人在大体相同的条件下开展公平竞争；二是计算简便，有利于征收和缴纳。比例税率的缺点：不能体现量能纳税原则，不论收入多少都按同一比例征税，与纳税人的负担能力不完全相适应，在调节社会分配方面有一定的局限性。

2.累进税率

即按税基数额的大小，划分若干个等级，随着税基数额的增大而逐级提高的税率。累进税率因计算方法的不同，又分为全额累进税率和超额累进税率两种。

全额累进税率就是税基的全部数额都按照与之相对应的最高级次的税率计算税额。超额累进税率就是把税基按数额大小划分成若干等级部分，各个等级分别规定相应的税率并分别计算税额，然后再汇总为全部应纳税额。

两种累进税率相比较，全额累进税率计算简便，但税负累进程度急剧，尤其在两个级距的临界部位，会出现税额增加超过税基数额增加的不合理现象；超额累进税率虽然在计算上复杂一些，但税负的累进程度比较缓和，可避免全额累进税率的缺点，税收负担较为合理。

超额累进税率虽然在计算上比较烦琐，但这只是技术问题，在实际运用时可以采用"速算扣除数"的办法加以解决。所谓"速算扣除数"，是指按全额累进税率计算的税额减去按超额累进税率计算的税额的差额。其计算公式为：

本级速算扣除数＝上一级最高应纳税所得额×（本级税率－上一级税率）＋上一级速算扣除数

3.定额税率

定额税率又称固定税额，是按课税对象的一定计量单位直接规定一个固定数量的税额，而不是规定征收比例。定额税率是税率的特殊形式，一般适用于从量计征的税种。定额税率在实际运用中，又分为以下三种形式。

（1）地区差别税额，即对同一课税对象根据不同地区的自然资源、生产力水平和盈利水平的差异，分别规定不同的税额。

（2）分类分级税额，即把课税对象按一定的标志分类分级，然后按不同的类别或级别分别规定不同的税额。

（3）幅度税额，即在税法规定的征税幅度内，由地方政府根据本地区实际情况，确定一个执行税额。

定额税率的优点是计征更为简便，同时由于采用从量计征的办法，税额不受价格变动的影响，有利于鼓励企业不断提高产品质量。其缺点是弹性较差，税收不能随着收入的增长而增长。

（四）纳税环节

纳税环节是指税法规定的课税对象在从生产到消费的流转过程中应当缴纳税款的环节。任何一种税都要确定纳税环节，有的税种纳税环节比较明确、固定，如所得税就是在分配环节上征收。有的税种则需要在许多流转环节中选择和确定适当的纳税环节，如对商品课税，因商品从生产到消费要经过多个流转环节，就需要选择其中适当的环节作为纳税环节。按照纳税环节的多少，税收课征制度可分为两类：一类是"一次课征制"，即一种税在各个流转环节中只选择其中一个环节课税；另一类是"多次课征制"，即一种税在各个流转环节中选择两个或两个以上的环节课税。

纳税环节的选择和确定，关系到税制结构和税种的布局，关系到税款能否及时足额入库，同时也关系到是否方便纳税人缴纳税款与核算等。因此，选择确定纳税环节，应考虑税种的性质，与价格制度、企业财务核算制度相适应，与纯收入在各个环节的分布情况相适应，以利于经济发展和控制税源。

（五）纳税期限

纳税期限是指纳税人缴纳税款的时间规定。它是税收强制性、固定性在时间上的体现。

确定纳税期限，首先要根据国民经济各部门生产经营的不同特点和不同课税对象的特点来决定。一般来说，商品课税的纳税期限较短，所得课税的纳税期限较长。其次要根据纳税人缴纳税款数额的多少来决定。应纳税款数额多的，纳税期限较短；应纳税款数额少的，纳税期限较长。再次要根据纳税行为发生的情况，对某些课税对象实行按次征收。

（六）税收优惠

税收优惠是对某些纳税人和课税对象给予鼓励和照顾的特定措施，包括减税、免税、退税、起征点、免征额等内容。

1.减税

减税即对应纳税额少征一部分税款。减税的具体方法有：

（1）比例减征法，即按计算出来的应纳税额减征一定比例。

（2）减率减征法，即用减低税率的方法来体现减征税额。

（3）税额减征法，即核准减征一定数额的税额。

2.免税

免税即对应纳税额全部免征。从形式上看，我国免税包括长期免税、定期免税和临时免税。

3.退税

退税即对纳税人已缴纳的税额，部分或全部予以退回。如再投资退税、出口退税等。

4.起征点

起征点即课税对象的数额达到开始征税的界限。课税对象数额达不到起征点的不征税；达到或超过起征点的，就其全部数额征税。

5.免征额

免征额即从课税对象总额中扣除的免予征税的数额。课税对象数额小于免征额时，不征税；超过免征额时，只就超过部分征税。

（七）违法处理

违法处理是指对纳税人违反税法的行为所规定的处罚措施。它是税收强制性的具体体现。违反税法的行为主要有两类。一是违反税收实体法的行为，主要指纳税人发生欠税、偷税、抗税等行为。二是违反税收程序法的行为，主要指纳税人未按《税收征收管理法》规定办理税务登记、纳税申报；未按规定设置、保管账簿、票证和有关纳税资料或拒绝税务机关检查等行为。

纳税人发生违反税法行为，都应受到制裁。制裁的具体措施有加收滞纳金、处以罚款、移送司法机关依法处理等。

第二节　税收的原则与分类

一、税收原则

税收原则是一个国家治税思想的简化概括，有时也被称为税收政策原则或者税制原则。它是制定税收政策、设计税收制度的指导思想，同时也是评价税收政策好坏、鉴别税收制度优劣的准绳。税收原则一旦确立，就成为一定时期一国据以制定、修改和贯彻执行税收法令制度的准则。

（一）税收效率原则

税收效率包括两层含义：一是指税收分配要有利于经济效率的提高，即要求税收在实现资源的有效配置方面发挥作用；二是指税务行政本身的效率，即以尽可能少的征收费用获得尽可能多的税收收入。

1.税收经济效率

经济效率即资源配置效率，是指在经济资源稀缺的条件下，如何充分利用资源，使资源得到最有效合理的安排，以最小的资源投入取得最大的经济效益。一般是以"帕累托效率"来定义的。根据帕累托效率定义，如果资源的配置和使用已经达到这样一种状态：任何资源的重新配置已不可能使一些人的境况变好而又不使另一些人的境况变坏；或者说，社会分配已经达到这样一种状态：任何分配的改变都不可能使一些人的福利有所增加而又不使其他人的福利减少，那么这种资源配置已经使社会效用达到最大，这种资源配置状态被称为资源最优配置状态，或称帕累托最优。

同帕累托最优相联系的问题是帕累托改进，或称为资源配置效率的改进。如果生产资源在各个部门之间的分配和使用处于这样一种状态：当生产资源重新配置时，不使任何人受损，却使一些人受益，那么这种资源重新配置就是一种效率的提高。或者说，只要资源重新配置使一些人的受益大于另一些人的受损，那么这种资源重新配置也可以被看做一种效率的提高。

社会资源配置主要分为两类：一是以企业和个人为主体的市场配置；二是以政府为主体的政府配置。在市场经济体制下，以价格为核心的市场资源配置机制被认为是最有效的，政府配置主要是弥补市场资源配置的缺陷。因此税收经济效率原则应该是：当市场资源配置作为最基本的资源配置方式已经使资源处于最优配置状态时，政府征税应尽可能避免或减少对经济的干预，以避免或减少效率损失；反之，如果市场配置并没有使资源处于最优配置状态，那么就有可能通过适当征税，使经济资源发生重新配置，提高资源的配置效率，在这种情况下，税收有必要积极干预经济，从而提高经济效率。

依据市场资源配置状态的不同，政府征税要想体现效率性，有两种不同的选择。

（1）税收的中性选择。按照税收中性的观点，在完全市场经济机制下，通过价格机制的作用就可以达到资源的有效配置，从而既满足厂商获取最大利润的目的，又满足消费者的需求，这时税收分配就应保持中立性，以不破坏这种市场均衡为有效率。如果政府课税扭曲了价格平衡的作用，给纳税人带来了额外的负担，进而改变纳税人的抉择，使原有的市场均衡受到破坏，资源配置偏离了最优配置状态，这种税收就是无效率或低效率的。采取税收中性的政策措施时，要注意以下四点。

①税种选择：政府税收主要来自商品税和所得税收入，政府征税往往面临着征收商品税还是征收所得税的税收选择。从资源配置角度分析，商品税导致的效率损失大于所得税。因为，选择性商品税会影响商品的比价关系，干扰消费者对商品的选择，产生了以一种商品替代另一种商品的替代效应；而所得税只产生减少个人收入的收入效应，没有对消费者的商品选择进行干扰，没有产生替代效应，所以商品税的超额负担大于所得税，征收所得税更能体现税收的经济效率性，但从激励角度分析，所得税对劳动激励影响大于商品税。这是因为商品税不影响人们在劳动和休闲方面的选择，而所得税却影响人们在劳动和休闲方面的选择，但是如果我们把劳动和闲暇看作两种商品，那么所得税也会改变个人在劳动和闲暇之间的选择，产生效率损失。

②税基选择：按征税范围的大小，可把商品税分为选择性商品税和一般商品税。从资源配置角度分析，一般商品税的效率损失小于选择性商品税。因为一般商品税实行普遍征税，由于征税范围大，征税对消费者的消费选择影响小于选择性商品税。因此，一般商品税优于选择性商品税，税基比较大的税种相对来说更能保持税收中性，减少征税所带来的效率损失。

③税率选择：一般商品税有单一税率和差别税率两种。在实行一般商品税的情况下，如果选择差别税率，对资源配置的影响相当于选择性商品税。因为差别税率影响不同商品的比价关系，从而影响由市场决定的商品选择，产生超额负担。而单一税率不会影响商品的比价关系。因此，单一税率的效率损失小于差别税率。

④价格弹性选择：如果必须实行差别税率的商品课税，那么应依据反弹性法则选择课税商品或设计差别税率。所谓"反弹性法则"，即征税商品的选择或税率高低差异的确定应同价格弹性相反。对价格弹性大的商品不征税，或按较低税率征收；而对价格弹性小的商品征税，或按较高税率征收，可以达到减少效率损失的目的。

（2）税收的非中性选择即要求税收发挥调节经济的作用，"熨平"经济的周期波动，促进经济的稳定与增长。按照税收非中性的观点，在现代混合经济中市场失灵的问题总是存在的，这就不能保证市场调节始终保持经济运行的高效率。因此，需要税收根据不同的情况，对市场经济活动进行积极的干预，控制和诱导资源的合理配置，调节供给与需求，促进经济的稳定增长。税收在优化资源配置上的主要作用有：

①纠正外部经济：在市场经济下，由于存在外部经济影响，企业的会计成本和收益不能真实反映企业的实际成本和收益，价格失真的结果会导致企业决策偏离有效资源配置状态，即市场机制下资源配置处于非最优状态，资源存在效率损失。政府从提高资源配效率角度考虑，应选择对存在外部成本的产品征税，或者对存在外部成本的产品采取高税率，以税收来反映企业外部成本；对产生外部收益的产品进行补贴，或税率低于一般产品，从而纠正企业的决策偏差，提高资源配置效率，减少外部经济导致的效率损失。

②平衡产销供求：在不完全竞争市场中，由于国家对一些行业和产品制定垄断价格和保护价格，因而使这部分产品不可避免地偏离由市场决定的资源配置效率。如果价格定得高，一方面使高价产品的边际收益大于边际成本而扩大产出；另一方面因价高而使产品消费减少，出现供过于求。如果价格定得低，又会出现相反的情况。若通过选择性税收和差别税率，对高价产品实行高税，对低价产品实行低税，可以弥补国家定价的部分局限，改进资源配置效率。因此，选择性商品税和差别税率是配合政府定价、弥补价格缺陷的一种政策手段。

③调节级差收益：对于使用矿产、土地等国有自然资源的企业应实行有偿收费，并按市场原则制定资源使用价格；否则，使用资源的企业就不能真实反映生产成本，使企业决策偏离资源有效配置状态。同时，为了使资源收益归国家所有，也可以以税代费，以资源征税来调节资源级差收益，促使企业节约使用资源，合理配置资源，提高资源使用和配置的效率。

④对有益商品和有害商品进行税收引导：对有益商品和有害商品，除了行政和法律方面的支持与限制外，也可以在税收上区别对待，以鼓励有益商品发展，限制无益和少益商品发展。例如教育产品是比较典型的有益商品，内在价值大于社会公众给予的评价，通过对教育产品实行低税政策或补贴，可以提高消费需求，提高教育产品的资源配置效率。

2.税收行政效率

税收行政效率的高低主要是通过一定时期税收成本占入库税收收入的比重来衡量的。税收成本与入库收入之间的比率越小，税收行政效率就越高；反之则低。寻求税收的行政效率最大化就是以最小的税收成本取得最大的税收收入。税收成本包括征税成本和纳税成本。征税成本专指税务机关因征税而发生的各项征收费用，纳税成本是指纳税人因纳税而发生的各项费用支出。通常情况下，税收征收费用比较容易计算，而纳税费用则不易计算。所以，对税收行政效率的考核，基本上以税收征收费用占全部税收收入的比重为主。

要提高税收的行政效率，首先要求税法规定简明确实，便于征纳双方执行。其次要采取有效措施，控制影响税收成本的主要因素，如加强税务人员培训，提高税务干部素质；精简机构，减少冗员，节约经费开支；引进运用现代管理技术，改进征管手段，将繁杂的征纳过程、手工计算与操作变得简捷迅速；等等。通过这些做法，不断提高税务行政的质量与效率，从而达到降低税收成本、提高税收效益的目的。

（二）税收公平原则

在市场经济条件下，个人收入的初次分配是按要素报酬进行的。但由于个人拥有要素的数量、质量和机会存在很大差异，直接决定了个人收入水平和收入结构存在巨大的差距。这种市场决定的个人收入分配，从公平分配的意义上来看，有很大的局限性，需要政府运用税收分配来予以解决。从纠正市场分配的缺陷考虑，税收的公平原则应主要体现在创造平等竞争环境、按受益多寡征税和依据能力负担等方面。

1.创造平等竞争环境

创造平等竞争环境主要通过税收为企业和个人创造平等竞争机会，鼓励平等竞争。在市场存在缺陷而无法为企业和个人提供平等竞争环境的前提下，税收应为企业和个人的平等竞争创造条件。如由于企业资源条件差异、行业垄断、个人的遗产继承等原因而导致不平等竞争，形成收入和财富的差异，应运用税收对这种差异进行调节，使纳税人的竞争环境或竞争机会趋向平等。另外，税收在达到机会平等目标时，不只是遵循机会相同得益相同原则，还要根据某一机会质量，通过合理的课税机制加以调节，承认、尊重并保护由劳动努力和贡献大小不同而形成的收入差别，恰当地调节和限制非劳动收益，以促进公平分配的实现。

2.按受益征税

按受益征税，是根据市场经济所确立的等价交换原则，把个人向政府支付税收看作是分享政府提供公共产品或公共服务利益的价格，因此，个人税收负担应根据各人分享的公共产品或公共服务受益大小来确定。受益原则的运用是假定市场所决定的收入分配是合理的，税收分配是一种资源的转移，因此须依据对等原则进行。特别是对于部分由政府提供的准公共产品或公共服务，因这类公共产品或公共服务的受益边界较为清楚，消费的竞争性又较强，按照谁受益谁纳税、谁受益大谁纳税多的原则征税，可以补偿政府投资于准公共产品的支出，提高分配效率。

3.依据能力负担

依据能力负担是以个人纳税能力为依据进行征税。由于公平的均等标准是均等个人收入和财富的分配，或缩小个人收入和财富的差异，而由市场决定的个人收入和财富分配的结果必然不符合均等标准。因此，应以个人收入或财富作为衡量能力标准，按个人纳税能力进行征税，使负担能力比较强的人承担较多的纳税义务，负担能力比较弱的人承担较少的纳税义务，通过税收调整个人收入和财富分配结果，实现均等收入的公平目标。能力原则包括普遍征税和能力负担两个方面。

（1）普遍征税即市场经济中的行为主体凡是具有纳税能力的都必须普遍征税，消除税收上的一切特权。同时，排除对不同行为主体的区别对待，以及对某些行为主体不应有的减税和免税，并制止和消除逃避纳税行为的发生，使税收普及于税收管辖权下的一切自然人和法人。

（2）能力负担即凡是经济条件相同、纳税能力相等的人，应当缴纳相等的税收，以体现税收的横向公平；凡是经济条件不同、纳税能力不等的人，应当缴纳不等的税收，以体现税收的纵向公平。那么，如何测定人们的纳税能力呢？反映个人纳税能力的指标主要有收入、支出和财富三种。对这三种指标进行比较可以发现，收入指标基础广泛，易于掌握，管理上可行；而支出和财富两个指标不易掌握，管理难度大。所以，大多数人主张以所得作为衡量个人纳税能力的最主要指标。所得多者多征，所得少者少征，无所得者不征，即能体现出税收公平。

（三）税收稳定原则

税收稳定原则是就税收的宏观调控而言的，也就是税收对经济发展的宏观调控应依据稳定准则，达到减少经济波动和经济平衡增长两方面的目标要求。在市场经济条件下，市场机制具有自动调节经济平衡，保持经济稳定的功能。但市场调节有很大的局限性，不能有效地达到经济平衡，经常出现由于总需求小于总供给而导致需求不足的失业，或总需求大于总供给而导致需求拉动的通货膨胀，以及经济的过快增长或停滞增长，使经济不能保持稳定发展。市场经济缺陷导致的经济失衡不可能由市场本身解决，需要由政府运用财政政策、货币政策、就业政策等政策手段来调节总需求或总供给，促使经济稳定发展。其中，税收就是一个重要的政策工具，可以同其他政策手段协调配合，通过直接或间接影响经济运行中的供求关系，影响经济增长中的消费、投资等因素，实现经济稳定增长的宏观政策目标。

1.调节价格稳定

在通货膨胀时期，会产生价格上升。可以针对价格上升的不同原因，采取不同的税收调节政策。对于需求拉动型通货膨胀，可采用提高所得税税率的做法，以降低总需求，稳定价格。对于成本推动型通货膨胀，通过调整税率结构，降低对生产要素的征税，以降低企业生产成本，稳定价格。需求拉动和成本推动是两种不同类型的通货膨胀，或者说是两种不同成因的通货膨胀。在现实经济中，两种通货膨胀的原因往往是相互交织、相互影响的。例如，需求拉动会引起价格上升，而价格上升引起成本上升，成本上升又引起价格上升。因此，稳定价格需要同时从需求和成本两方面采取措施，以实现稳定价格的目标。

2.实现充分就业

在摩擦性失业、结构性失业、需求不足性失业和季节性失业等四种类型的失业中，税收对需求不足的失业能发挥一定的调节作用。当现实的国民收入水平低于潜在的国民收入水平时，由于资源没有得到充分利用，就会发生有效需求不足的失业。税收作为总需求的一个重要变量因素，税收变动会直接影响总需求的变动，并间接影响就业水平的变动。当发生有效需求不足的失业时，采取降低税率、减少税额的措施，有利于扩大需求，增加产出，增加就业，促使现实国民收入上升。反之，提高税率，增加税额，就会减少产出、减少就业。

3.促进经济增长

经济增长取决于劳动力供给、储蓄、投资和技术进步等多种要素，这些要素共同作用于经济增长和发展过程。税收对经济增长的影响是通过影响经济增长的诸种要素而间接起作用的。

（1）税收对劳动供给的影响。劳动所得税对劳动供给的影响表现为国家征税减少了纳税人的净收入，使其对劳动和闲暇的态度发生变化而在经济行为方面做出的反应。税收对劳动者的劳动投入的影响，既有替代效应，又有收入效应。税收对劳动供给产生的替代效应是指政府征税降低了闲暇相对于劳动的价格，使纳税人在劳动和闲暇之间的选择发生了变化，从而以闲暇替代劳动，税收产生的替代效应会使劳动供给减少；税收对劳动供给产生的收入效应是指国家征税使纳税人的可支配收入减少，从而促使纳税人减少闲暇而努力工作以维持以往的消费或收入水平，税收产生的收入效应会使劳动供给增加。税收对劳动供给产生的净效应是替代效应和收入效应的综合。至于是替代效应大于收入效应产生减少劳动供给的净效应，还是收入效应大于替代效应产生增加劳动供给的净效应，除取决于收入水平外，还受劳动者的道德习惯、社会价值观念等其他因素的影响。

（2）税收对储蓄的影响。储蓄作为家庭的基本经济活动之一，是指家庭把经济资源从即期转移到未来某一时期使用的经济活动。对储蓄征税会影响纳税人在现在消费和未来消费之间的选择态度，从而导致储蓄数额发生变化。税收对储蓄的影响也可分为替代效应和收入效应。税收对储蓄的收入效应的大小取决于所得税的平均税率水平，而替代效应的大小取决于所得税的边际税率的高低。所得税的累进程度越高，对个人储蓄行为的抑制作用越大。减征或免征利息所得税将提高储蓄的收益率，有利于增加储蓄。

（3）税收对投资的影响。当投资的边际收入大于或等于资本的边际使用成本时，企业就会增加投资。而征收企业所得税，将增大投资成本，降低预期投资报酬率。因此，征税会减少企业投资。税收制度不仅影响新投资的数量进而影响资本存量，而且还影响企业的投融资决策。若对企业经营所得征收企业所得税，将起到鼓励企业利用债务融资而抑制股票融资的作用；若对公司支付的股息征收所得税，将鼓励企业保留收益用于再投资，而不是把它作为股息分配给股东。

（4）税收对技术进步的影响。技术进步既是经济发展水平的标志，又是经济发展的条件。在同样的资金和劳动投入情况下，整个社会的技术水平高低决定着经济增长率的高低。

技术进步虽然是科学技术问题，由科技发展所决定，但也受到科技政策的导向。如果对于新兴产业、企业技术改造、新产品开发给予税收政策优惠，对于高风险的科技产业给予特定税收政策，也会起到鼓励技术进步、促进科技发展的作用。

（四）正确处理公平与效率的关系

税收诸原则是相互联系的有机整体，但这些原则之间并不总是统一的，有可能出现互相掣肘的情况，影响到税收分配的整体效应。因此，有必要正确认识和处理税收诸原则之间的相互关系，抓住重点。

在税收诸原则中，公平与效率的矛盾是最突出的。在强调公平原则时，往往要损失一定的税收效率；在强调效率原则时，又往往要以牺牲一定的税收公平为代价。例如，为了调整产业结构，达到资源有效配置，国家对不同产业采取不同的税收奖限政策，这是有利于提高效率的，但因税负不等，造成纳税人占有收入不均，通常又被认为是不公平的。又如，为给企业创造平等竞争环境，国家可采用公平税负政策，但税负绝对公平，又难以有效地促进资源合理配置和宏观效益提高。因此，政府在征税时往往会遇到公平与效率的两难选择。现阶段，大力发展社会主义市场经济，提高社会生产力水平是我国经济建设的首要任务，因此在税收制度建设中，应把效率原则放在第一位，力求在促进效率提高的前提下体现社会公平。就税制整体来看，我们应提倡效率优先、兼顾公平，二者有机结合的税收制度。但就某一税种来看，则可以效率为主导，也可以公平为主导，或二者兼而有之。

二、税收分类

所谓税收分类，就是按照一定的标准，对性质相同或近似的税种进行归类研究。现代国家的税制一般都是由多个税种组成的复合税制，每个税种都具有自身的特点和功能，但用某个特定的标准去衡量，有些税种具有共同的性质、特点和相近的功能，从而区别于其他税种而形成一"类"。对税种进行科学的分类，有利于认识各类税收的特征和功能，加强各税种之间的配合，更好地发挥各类税收的调节作用；有利于分析和研究税制发展演变的历史过程，研究税源的分布和税收负担的归宿，以达到培养财源、组织收入的目的；还有利于正确划分中央税收与地方税收，以及各级政府之间的税收管理权限，解决财力分配方面的矛盾。

（一）按税负能否转嫁划分为直接税和间接税

直接税是指税款由纳税人缴纳，同时也由纳税人负担，不能转嫁给他人的税收；间接税是指税款由纳税人缴纳，但可以通过各种方式将税负转嫁给他人的税收。一般认为所得税和财产税属于直接税，商品课税属于间接税。事实上，税负转嫁是一个相当复杂的过程。它不仅取决于税种的性质和特点，还取决于客观的经济条件。所有税收都有转嫁的可能，只是所得税和财产税不易转嫁，而商品课税则更容易转嫁而已。

（二）按税收收入的形态划分为实物税和货币税

实物税是指以实物形式征收的税；货币税是指以货币形式征收的税。实物税是自然经济条件下的产物，也是税收采取的初级形态。实物税使国家能够直接掌握和控制关系国计民生的重要产品物资，但却不便于税收的缴纳与征收管理。随着商品货币经济的发展，实物税逐步被货币税所取代。采用货币形式征税，不仅便于缴纳和征收管理，有助于财政资金的供给，而且还使税收调节社会经济生活的职能得以广泛实现。

（三）按税收的计量标准划分为从量税和从价税

从量税是以课税对象的数量、重量、容积、体积、面积等为标准，按预先确定的单位税额计征的税，亦称"从量计征"，如我国的耕地占用税、车船税等。从价税是以课税对象的价格为标准，按一定比例计征的税，亦称"从价计征"，如我国的增值税、房产税等。从量税的税额随课税对象数量的变化而变化，计算简便，再配合以差别固定税额，可以达到调节级差收入及特定经济行为之目的。但其税负水平是相对固定的，不能随价格高低变动而增减，因此在保证财政收入和公平税负方面有一定的缺陷。相比较而言，从价税更适应商品经济的要求，它不仅与课税对象的数量有密切关系，更受价格变动的明显影响。因此，从价税能够保证税额与国民收入同步增长，也能够体现税负公平。

（四）按税收与价格的关系划分为价内税和价外税

价内税是指税金作为价格的组成部分的税收；价外税是指税金作为价格以外的附加，不构成价格组成部分的税收。与之相适应，价内税的计税依据称为含税价格，价外税的计税依据称为不含税价格。一般认为，价内税课征的侧重点是生产者，起调节生产之作用；价外税课征的侧重点是消费者，起调节消费之作用。

（五）按税收管理权限划分为中央税、地方税、中央地方共享税

凡属中央政府征收管理并支配其收入的税种称为中央税；凡属地方政府征收管理并支配其收入的税种称为地方税；凡属中央政府和地方政府共同享有，按照一定比例分成的税种称为中央地方共享税。这种分类的目的在于适应国家财政管理体制的要求，确保中央财政和地方财政都有固定的收入来源，使财权与事权相结合，调动中央与地方两个积极性，更好地完成各自承担的政治经济任务。

（六）按课税对象性质划分为流转课税、所得课税、财产课税、资源课税和行为课税

1.流转课税又称商品课税，即以商品和劳务为课税对象的税收。流转课税以商品交换为前提，伴随着商品销售的实现进行课征。其计税依据是商品销售收入额、劳务收入额或服务性业务收入额，一般采用比例税率。流转课税具有税收负担的间接性、税收分配的累退性、税收征收的隐蔽性、税收管理的便利性、税收收入的稳定性等特点，是保证国家财政收入的主要税类。全面实现"营改增"后，我国流转课税包括增值税、消费税、关税等。

2.所得课税即以纳税人的净收入为课税对象的税收。净收入是指收入总额扣除成本、费用及损失后的余额，即所得额。所得课税是在分配领域内进行的，税收收入的数量直接取决于纳税人的所得水平。如采用累进税率，则对调节纳税人之间的收入差距具有特殊功效。所得课税具有税收负担的直接性、税收分配的累进性、税收征收的公开性、税收管理的复杂性、税收收入的弹性等特点。目前，我国所得课税包括企业所得税、个人所得税。

3.财产课税即以纳税人所拥有或支配的财产为课税对象的税收。财产包括不动产和动产，这两类均可列入征税范围。对财产课税有利于充分利用生产资源，

限制消费；同时对缓解财富分配不均的矛盾有一定的积极意义。财产课税具有税源的广泛性、征收的区域性、管理的复杂性等特点。目前我国财产课税有房产税、车船税、契税等。

4.资源课税即以开发和利用的自然资源为课税对象的税收。对资源课税有利于调节纳税人因自然资源差异而形成的级差收入，促进自然资源的合理开发和利用。资源课税具有征收范围的局限性、税率设计的差别性、计征方法的从量性等特点。目前我国资源课税包括资源税、土地增值税、城镇土地使用税、耕地占用税等。

5.行为课税即以纳税人的某些特定行为为课税对象，为实现特定政策目标而征的税收。特定行为是指商品流转、所得获取、财产占有、资源开发等行为之外的其他应税行为。对特定行为课税，有利于根据国家的有关政策灵活地运用税收杠杆，有效地调节社会经济生活。目前我国行为课税包括印花税、城市维护建设税、车辆购置税等。

除以上六种分类方法外，还可以课税权行使的期限为标准，分为经常税和临时税；以税款的征收方法为标准，分为定率税和配赋税；以课税目的和税款用途为标准，分为一般税和目的税；以税收主客体为标准，分为对人税和对物税；以税种在税收体系中的地位与作用为标准，分为主体税和辅助税；等等。

第三节　税制结构与体系变革

一、税制结构

税制结构是指实行复合税制的国家，根据其经济条件和财政要求，在按一定标准进行税收分类的基础上所形成的主次配合、相互协调补充的税收分布格局。

不同的国家由于经济条件、历史传统、政策目标和管理水平的不同，在税种设置、税收分布格局上也不完全相同，甚至存在比较大的差异，因此也形成了各具特点的税制结构类型，或称税制结构模式。

（一）税制结构模式

税制结构模式是指由主体税特征所决定的税制结构类型。在一个国家的税制体系中，各类税收在税制体系中的地位有主次之分；而在一个国家的大类税收中，各个税种在大类税收中的地位也有主次之别。因此，在组织财政收入和调节经济方面处于主要地位，发挥主要作用的主体税种成为区别不同税制结构类型的主要标志。由主体税特征所决定的税制结构模式大体可归纳为以下三种类型。

1.以流转税为主体的税制结构模式

以流转税为主体的税制结构模式是指在整个税制体系中，以流转税作为主体税，流转税在全部税收中占极大比重并起主导作用。以流转税为主体的税制结构模式就其内部主体税特征而言，还可以进一步分为以下两种类型。

（1）以一般商品税为主体。一般商品税是对全部商品和劳务，在产制、批发、零售及劳务服务等各个环节实行普遍征税。一般商品税具有普遍征收、收入稳定、调节中性的特点。一般商品税在课税对象的确定上，既可以对收入全额征税，也可以对增值额征税。

（2）以选择性商品税为主体。选择性商品税是对部分商品和劳务，在产制、批发、零售及劳务的某些环节选择性征税。选择性商品税具有个别征收、收入集中、特定调节的特点。选择性商品税既可以选择在产制环节征税，也可以选择在零售环节征税。

2.以所得税为主体的税制结构模式

以所得税为主体的税制结构模式是指在整个税制体系中，以所得税作为主体税，所得税在全部税收中占极大比重并起主导作用。以所得税为主体的税制结构模式就其内部主体税特征而言，还可以进一步分为以下三种类型。

（1）以个人所得税为主体。一般是在经济发达国家，个人收入水平较高，收入差异较大，需要运用个人所得税来保证财政收入，并促进个人收入的公平分配。

（2）以企业所得税为主体。在经济比较发达，又实行公有制经济的国家，在由间接税制向直接税制转换的过程中，有可能选择以企业所得税为主体税。

（3）以社会保险税为主体。在一些福利经济国家，为实现社会福利经济政策，税制结构已经由个人所得税为主体转向以社会保险税为主体。

3.流转税和所得税双主体的税制结构模式

双主体税制结构模式是指在整个税制体系中，流转税和所得税占有相近的比重，在财政收入和调节经济方面共同起着主导作用。一般来说，在由流转税为主体向所得税为主体的转换过程中，或者在由所得税为主体向发展增值税、扩大流转税的转化过程中，都会形成双主体的税制结构模式。

（二）我国税制结构目标模式的选择

一个国家在一定时期内的税制结构并不是可以随意安排的，而是要受多种因素的制约。从客观方面讲，税制结构取决于一国的经济发展水平、社会经济结构等因素；从主观方面讲，税制结构要受国家经济运行制度、宏观经济政策及经济管理水平的制约。

从我国税制结构现状来看，经过多年的税制改革，我国已逐步建立起一套适应社会经济发展的复合税制。其中，流转税占主导地位，是主体税，所得税也占有重要地位，其他税是辅助税。但我国税制结构同发达国家相比，还存在比较大的差异，主要表现在以下三方面：第一，我国现行税制结构是以流转税为主体税，而发达国家则是以所得税为主体税。第二，我国现行税制结构中所得税的纳税主体为企业，个人所得税比重较小；而发达国家税制结构中所得税的纳税主体为个人，企业所得税的比重相对较低。第三，我国现行税制结构中还没有建立起社会保险税制度；而发达国家已普遍建立起社会保险税制度，并在税收中占有很大的比重。

随着我国社会主义市场经济体制的建立与完善，社会经济的持续发展要求我国税制结构确立更为合理的目标模式，对主体税种、税种组合和配置方式做出更为合理的选择。从我国社会主义市场经济改革和发展趋势来看，我国税制结构应选择流转税和所得税为双主体、税种之间合理配置、整体功能优化的目标模式。

1.主体税的选择

主体税在整个税制体系中处于主导地位，占有主要比重。主体税的选择是确定税制结构目标模式的核心问题。流转税和所得税双主体的目标模式，是符合我国国情的现实选择。

（1）流转税和所得税双主体的目标模式符合我国经济改革和发展的客观实际。因为单一主体，无论是流转税还是所得税，都不能单独发挥税收的整体功能。

首先，从流转税看，虽然其具有征收面广泛、税源稳定、财政收入及时可靠、计算征收简便易行、能够弥补市场对资源配置的缺陷等优点，但也存在收入缺乏弹性，难以发挥税收在促进公平收入分配、促进经济稳定方面作用的缺点，而这个缺点又恰恰是在社会主义市场经济发展中需要补充和加强的。其次，从所得税看，虽然其收入具有弹性，有利于公平收入分配和促进经济稳定，但是在可预见的未来中国经济发展水平条件下，它的征收面狭窄、收入稳定性差、征收管理的内外部条件难以适应等缺点仍不能完全避免。因此，仅以所得税为主体，很难保证财政收入。

由此可见，选择商品课税和所得课税双主体的税制目标模式，可以发挥这两类税的综合优势，弥补各自的缺陷。在财政收入上，充分利用商品课税刚性收入的特点和所得税的弹性收入的特点，实现互补；在调节经济方面，同时发挥流转税弥补市场资源配置缺陷和所得税在促进经济稳定方面的协同调节作用；在公平收入分配方面，能够同时运用所得税累进税率的基础调节及流转税差别比例税率的补充调节作用。这样，才能适应和满足社会主义市场经济发展对税制模式的要求。

（2）流转税和所得税并重的目标模式是我国税制结构模式发展的必然进程。从我国税制发展的历史变化进程来看，曾经历了一个由自然经济下的古老直接税为主体，向商品经济下的间接税为主体的发展阶段。在现代市场经济条件下，一些发达国家已经或正在朝着以直接税即所得税为主体的目标模式转换。但是，从我国作为一个发展中国家的经济条件及现行以流转税为主体、所得税比重较低的现实经济状况出发，选择以流转税和所得税双主体目标模式过渡是比较稳妥可行的。

2.税种合理配置

在主体税确定的前提下，在主体税内部还存在一个税种之间的组合和配置，即主体税内部结构的问题。

（1）流转税内部结构的目标模式，应选择具有中性特征的增值税为主体、以选择性的非中性的消费税为辅的内部结构模式。既可适应市场经济对资源基础配置的要求，起到保证财政收入的作用；又可对市场资源配置进行必要的弥补，起到个别调节的作用。

（2）所得税内部结构的目标模式，根据我国国民经济发展水平、财产制度和收入分配方式，应选择以企业所得税为主，逐步扩大并提高个人所得税的所得税内部结构模式。

3.辅助税种的设计

在主体税确定、主体税内部税种配置合理的条件下，为使税制结构整体功能优化，还需要在流转税和所得税无法征收与调节的范围内，本着简化税制、优化功能的原则，建设与完善辅助税类，充分发挥其对经济的特殊调节功能。我国辅助税包括资源课税、财产课税和特定行为目的课税等税类。资源类税收在促进资源合理开发和利用，调节级差收入方面具有特殊功效；财产类税收在缩小社会贫富差别，缓解社会分配不公方面具有特殊功效；行为类税收具有调节目的明确、因时因地制宜的特点，能够配合国家有关政策，有效调节特定经济行为。

二、社会主义市场经济体制下的税制改革

（一）20世纪90年代税制改革

1994年税制改革的指导思想是：统一税法，公平税负，简化税制，合理分权，理顺分配关系，规范分配方式，保障财政收入，建立符合社会主义市场经济要求的税制体系。根据这一指导思想，改革的主要内容如下。

1.流转税制的改革

流转税制的改革是整个税制改革的重点和关键所在。改革的目标是按照公平、中性、透明、普遍的原则，建立增值税、消费税、营业税并立，双层次调节的税制格局。改革后的流转税主要由增值税、消费税、营业税和关税组成。在生产和流通环节普遍征收增值税，取消产品税，在此基础上选择部分消费品再征收一道消费税。对不实行增值税的劳务交易和第三产业征收营业税。新的流转税制适用于内资企业、外商投资企业和外国企业，取消对外资企业征收的工商统一税。原来征收产品税的农、林、牧、水产品，改为征收农业特产税。

2.企业所得税的改革

改革的目标是调整、规范国家与企业的分配关系，促进企业经营机制的转换，实现公平竞争。改革的主要内容是：废止原国有企业所得税、集体企业所得税和私有企业所得税，取消国有企业调节税和国有企业上缴的"两金"，对所有

的内资企业实行统一的企业所得税。内资企业所得税与外商投资企业和外国企业所得税并存，待条件成熟后，再完成内外资企业所得税的统一。

3.个人所得税的改革

改革的目标是调节个人收入差距，缓解社会分配不公的矛盾，使我国的个人所得税朝着法制化、规范化、合理化的方向发展。改革的主要内容是：合并原个人所得税、个人收入调节税和城乡个体工商业户所得税，建立统一的个人所得税。新的个人所得税参照国际上通行做法，并结合我国实际，重新调整和确定了费用扣除标准和税率水平，体现了调节过高收入、对中低收入者不征或少征税的原则。

4.其他税种的改革

主要包括以下几项。

（1）改革资源税：资源税的征税范围扩大至所有矿产资源；把盐税并入资源税；同时，配合增值税税率的简并，适当调整税负。

（2）开征土地增值税：通过征税对房地产业的过高利润进行调节。

（3）调整或撤并一些税种：一是将特别消费税并入消费税；二是取消烧油特别税、集市交易税、牲畜交易税、奖金税和工资调节税；三是取消对外资企业、外籍人员征收的城市房地产税和车船使用牌照税，统一实行房产税和车船税，并适当调高税率和税额；四是调高城镇土地使用税的税额；五是下放屠宰税、筵席税的管理权；六是准备开征遗产税和证券交易税。

（二）进入21世纪后的税制完善

稳妥推进物业税改革：物业税的功能定位应该有利于加快地方主体税种建设，完善房地产税制，有利于促进地方政府加强对地方基础设施的投入力度，有利于规范房地产市场行为。

择机改革资源税：资源税改革的思路是：扩大征收范围、改革计征方式、提高税负水平、统筹税费关系。在资源品价格大幅上升的背景下，改"从量计征"为"从价计征"，并适当扩大征收范围、提高税率，会给国家财政带来相应的涨价收益，也更有利于自然资源的有效节约和利用。

实施社会保障费改税：为促进社会保障制度的发展，需要探讨将养老保险金、失业保险金、医疗保险金等收费改为社会保险税。

第六章　税收的内容

第一节　商品课税

一、商品税的含义和一般特征

商品税泛指所有以商品为征税对象的税类。就我国现行税制而言，包括增值税、营业税、消费税、土地增值税、关税及一些地方性工商税种。

（一）商品税的含义

商品税是指对商品的流转额和非商品营业额（提供个人和企业消费的商品和劳务）课征的各税种的总称，在国际上也通称为"商品和劳务税"，它与财产税和所得税共同构成当代税收的三大体系，是各国取得财政收入的主要手段。

商品税的计税依据是商品的流转额，因而商品税也被称为"流转税"，主要包括增值税、消费税、营业税和关税四个税种。商品税的各税种之间联系密切，各税种覆盖了商品的生产、交换、分配和消费等环节，这使得只要发生市场交易行为就要课征商品税，因而有力地保证了国家获得大量稳定的税收收入。

（二）商品税的一般特征

商品税同其他税类相比，具有以下四方面的特性。

1.课税对象是商品和劳务

商品税是对物税，其课税对象是商品和劳务，而不是所得和财产，这是商品税与所得税和财产税的重要区别。

2.以流转额为计税依据

商品税的计税依据是商品的流转额，即商品流通、转让的价值额。这里的流转额既可能是流转总额（如销售额、营业额等），也可能是流转的增值额，由此也就形成了商品税的各个税种之间的主要差别。

3.存在重复课税

一般来说，商品课税存在多环节课征问题，即每一个商品进入最终消费者手中要经过多道环节，而每经过一个流通环节就要纳税。因此，许多商品税税种（增值税从原理上说可以解决重复征税问题）会存在重复课税。

4.税负容易转嫁

由于商品课税是在商品流通中进行的，是典型的间接税。只要商品能够销售、流转，则税负即可转嫁，故纳税人会很容易通过提高商品价格或压低购进价格，将税负转嫁给购买者或供应商。

二、增值税

（一）增值税的概念与特点

1.增值税的概念

增值税是对商品生产与流通中或者提供劳务过程中实现的增值额征收的一种税，它在20世纪50年代由法国财政部官员法里斯·劳拉首先提出并率先在该国实行，后被世界许多国家普遍采用。

增值税是以增值额为课税对象的一种流转税。就计税原理而言，增值税是对商品生产和流通过程中各环节的新增加值或商品附加值进行的征税，所以称之为"增值税"。这里的增值额是指纳税人在一定时期内所取得的商品销售（或提供劳务）收入额大于购进商品（或取得劳务）所支付金额的差额。

从马克思的劳动价值理论上看，增值额相当于商品价值 W（$W=C+V+M$）扣除在商品生产过程中所消耗的生产资料转移价值（C）的余额，即由劳动者在生产经营过程中新创造的价值（$V+M$），这部分由劳动者所创造的新价值被称为增值额。

我们从一个生产经营单位来看，增值额是指该单位商品销售收入额或营业收入额扣除生产该商品所消耗的外购原材料、辅助材料等价款后的余额，也就是商品生产经营中的进销差。例如，一家生产服装的企业，一件服装销售价格为100

元，该服装成本是85元，其中包括外购布料价值60元，外购辅助材料价值15元，燃料动力等项目价值10元，则该服装增值额为15[100－（60+15+10）]元。如果从商品生产经营的全过程来看，一件商品最终实现消费时的最后销售额，相当于该商品从生产到流通各个经营环节的增值额之和。

2.增值税的特点

（1）增值税的基本特点

增值税是社会化大生产发展到一定阶段的产物，是对传统以销售收入全额为课税对象的商品税制度的改革，更适应经济日益社会化、专业化和国际化的要求。增值税以销售或进口货物、提供加工修理修配劳务的增值额为课税对象，在吸收传统商品税的优点的同时，也呈现出如下特点。

①按增值额征税，避免重复征税

增值税是一个多环节连续课征的税种，因其仅就商品销售额中的增值部分征税，避免了征收的重叠性。这是增值税最本质的特点，也是增值税区别于其他流转税的一个最显著的特征。这说明增值税的征收，对任何缴纳增值税的人来说，只就本纳税人在生产经营过程中新创造的价值征税，对以前环节已征过税的部分不再征税，即只就本环节生产经营者没有纳过税的新增的价值征税，从而有效地解决了重复征税问题。

②具有征收的广泛性

从计税原理上说，增值税是对商品生产、流通和劳务服务中多个环节的新增价值或商品的附加值征收的一种流转税。从征收面看，增值税具有征收的广泛性。凡是纳入增值税征收范围的，只要经营收入具有增值额就要征税。因此，增值税的课税范围涉及商品生产、流通的各个领域。所有从事货物销售和提供应税劳务的生产经营者，都必须缴纳增值税，从而使它成为对生产经营实行普遍调节的一个中心税种，有利于保证财政收入的稳定、可靠。这已经被实行增值税的国家（如欧盟各国）所证明。

③具有税收中性

税收中性是指政府课税并不对纳税人有效率的经济决策产生干扰，从而不至于使纳税人在支付税款之外，还要因纳税不得不改变自己有效率的生产、投资或消费等经济行为而蒙受损失。因为增值税是对商品的增值部分征税，所以避免了重复征税。就同一商品来说，它的总体税负是由各个经营环节的税负累积相加而成的。如果使用相同税率的商品最终售价相同，其总税负就必然相同，而与其经过多少个流转环节无关。而在现实中，很多国家对绝大多数商品与劳务按一个统一的基本税率征税，这就使增值税对经济活动的干扰减弱，对资源配置不会产生扭曲性影响，也使得增值税有利于企业结构优化，有利于建立公平税负、平等竞争的市场经济机制。

（2）我国增值税的特点

我国增值税是对在中华人民共和国境内销售货物或者提供加工、修理修配劳务及进口货物的单位和个人，就其取得的货物或应税劳务的销售额及进口货物的金额计算税款，并实行税款抵扣制的一种流转税。我国在20世纪末的税制改革中，对原有增值税制度进行了各方面的修改，形成了中国特色的增值税制度，其主要的特点表现在以下四方面。

①价外计税

价外计税是指以不含增值税税额的价格为计税依据，即在销售商品时，增值税专用发票上要分别注明增值税税款和不含增值税的价格，以消除增值税对成本、利润和价格的影响。

②专用发票抵扣法

我国增值税实行凭发票注明税款进行抵扣的制度，即企业对外销售应税货物或劳务时，必须向购买方开具增值税专用发票，并在开出的专用发票上注明价款和税款，购买方可据销售时增值税专用发票上记载的销项税款与购买时所付进项税款核定企业当期应纳的增值税。增值税专用发票避免了重复征税现象，明确了购销双方之间的纳税利益关系。

③对于不同的纳税人实行不同的税款计征和管理办法

由于我国增值税实行专用发票抵扣制，因此要求纳税人会计制度健全。但是，鉴于我国中小企业多，会计核算水平参差不齐，《中华人民共和国增值税暂行条例》（以下简称《增值税暂行条例》）将纳税人按经营规模大小及会计核算健全与否分为一般纳税人和小规模纳税人两种，对一般纳税人采用购进扣税法计算征税，对小规模纳税人采用简易征税办法计税。

④实行生产型增值税

目前，我国仍实行生产型增值税，即只对企业外购的原材料、燃料、动力、包装物和低值易耗品等的进项税款准予抵扣，对外购固定资产所含税金不允许抵扣。

（二）增值税的类型

各国的政治经济状况不同，作为征税对象的增值税在计税依据的确定上与理论增值额上有一定的差别。从各国的实践来看，作为计税依据的增值额是指法定增值额。所谓法定增值额，就是各国政府税法中所规定的据以计算增值税应纳税额的增值额。这种增值额可以大于或小于理论上的增值额。一般情况下，实行增值税的国家在计算法定增值额时，对外购原材料、燃料、辅助材料等流动资产价款都允许抵扣，但是在计算应纳税额时，对于外购的固定资产已纳税额的抵扣，各国的规定则不尽相同，增值税也因此而分为三种不同的类型。

1.消费型增值税

消费型增值税在计算增值额时，在对外购原材料、燃料、辅助材料等流动资产价款都允许抵扣的同时，允许将当期购入的全部固定资产已纳税金一次性全部扣除。对企业来说，用于生产的全部外购生产资料价款均不在课税范围之内；对于整个社会而言，实际上相当于只对消费资料征税，对生产资料不征税，所以称之为消费型增值税。消费型增值税最能体现按增值额征税的计税原理，有利于鼓励投资，加速设备更新。

2.收入型增值税

收入型增值税在计算增值额时，在对外购原材料、燃料、辅助材料等流动资产价款都允许抵扣的同时，只允许将当期固定资产折旧从销售额中予以扣除。也就是说，法定增值额大体相当于纳税人当期工资、利润、利息、租金等项目之和。就整个社会而言，其增值部分实际相当于国民收入，所以称之为收入型增值税。用公式可以表示为：

$$增值额 = 销售收入 - 外购商品及劳务支出 - 折旧$$
$$= 工资 + 租金 + 利息 + 直接税 + 利润$$

从理论上说，收入型增值税的法定增值额与理论增值额一致，属于一种标准的增值税。但由于固定资产价值的损耗与转移是分批分期进行的，而在转移过程中没有任何凭证，凭发票扣税法在实际操作中很难实现，所以，采用收入型增值税的国家较少，只有阿根廷、摩洛哥和部分原实行计划经济的中东欧国家采用。

3.生产型增值税

生产型增值税在计算应纳税时，除对外购原材料、燃料、辅助材料等流动资产价款都允许抵扣外，不允许抵扣任何外购固定资产的价款（包括折旧）。生产型增值税对企业外购的原材料、燃料、动力、包装物和低值易耗品等的进项税款都准予抵扣，对固定资产的税金不予抵扣。从国民经济整体而言，其增值部分实际相当于国内生产总值，故称之为生产型增值税。用公式可以表示为：

$$增值额=销售收入-外购商品及劳务支出$$

$$=折旧+租金+利息+直接税+工资+利润$$

这种增值税存在明显的重复征税现象，不利于鼓励投资，目前有印度尼西亚等国采用。

（三）增值税的征收制度

1.征税范围和纳税人

（1）征税范围

根据《中华人民共和国增值税暂行条例》的规定，在中华人民共和国境内销售货物或提供加工、修理修配劳务及进口货物，都属于增值税的征收范围。

（2）纳税义务人

《增值税暂行条例》规定：凡在中华人民共和国境内销售货物或者提供加工、修理修配劳务及进口货物的单位和个人，为增值税的纳税义务人。这里的"单位"为包括国有企业、集体企业、私人企业、股份制企业、外商投资企业、外国企业在内的企业性单位和行政单位、事业单位、军事单位、社会团体等非企业性单位。个人是指个体经营者和其他个人。

（3）扣缴义务人

境外的单位或个人在境内销售应税劳务而在境内未设经营机构的，其应纳税款以代理人为扣缴义务人；没有代理人的，以购买者为扣缴义务人。

2.征税对象

增值税的征税对象具体包括如下内容。

（1）一般规定

一般规定的具体内容如下。

销售或进口货物：销售货物是指在生产、批发、零售环节有偿转让货物的所有权。"有偿"不仅指从购买方取得货币，还包括取得货物或其他经济利益。"进口"是指从我国境外移送货物至我国境内。现行增值税法规定，凡经报海关进入我国国境或关境的货物，都属于增值税的征收范围（免税的除外）。而"货物"则是指有形动产，包括热力、电力和气体在内，但是不包括土地、房屋和其他建筑物。

提供加工、修理修配劳务："加工"是指受托加工货物，即委托方提供原料、主要材料，受托方按照委托方的要求制造货物并收取加工费的业务；"修理修配"是指受托对损伤和丧失功能的货物进行修复，使其恢复原状和功能的业务。但单位或个体经营者聘用的员工为本单位或雇主提供的劳务，不属于增值税征收范围。

提供应税服务："应税服务"是指交通运输业服务、邮政业服务、电信业服务和部分现代服务业服务。①交通运输业服务是指使用运输工具将货物或者旅客送达目的地，使其空间位置得到转移的业务活动，包括铁路运输服务、陆路运输服务、水路运输服务、航空运输服务和管道运输服务；②邮政业服务是指中国邮政集团公司及其所属邮政企业提供邮件寄递、邮政汇兑、机要通信和邮政代理等邮政基本服务的业务活动，包括邮政普通服务、邮政特殊服务和其他邮政服务（不包括邮政储蓄业务）；③电信业服务是指利用有线、无线的电磁系统或者光电系统等各种通信网络资源，提供语音通话服务，传送、发射、接收或者应用图像、短信等电子数据和信息的业务活动，包括基础电信服务和增值电信服务；④部分现代服务业服务是指围绕制造业、文化产业、现代物流产业等提供技术性、知识性服务的业务活动，包括研发和技术服务、信息技术服务、文化创意服务、物流辅助服务、有形动产租赁服务、鉴证咨询服务、广播影视服务。

（2）特殊规定

除了以上的一般规定之外，增值税的征收范围还包括特殊的货物和特殊行为。其中，特殊货物包括货物期货（包括商品期货和贵金属期货）、银行销售的金银、典当业销售的死当物品、寄售业代委托人销售的寄售物品、集邮商品（如邮票、首日封等），以及邮政部门以外的单位和个人销售的集邮商品（如电力公司向发电企业收取的过网费）。特殊行为包括以下几种。

视同销售行为：现行税法规定，单位和个人以下10种行为虽然未取得销售收入，但是视同销售货物征收增值税：①将货物交付给他人代销；②销售代销货物；③设有两个以上机构并实行统一核算的纳税人，将货物从一个机构移送其他机构用于销售，但相关机构设在同一县（市）的除外；④将自产或委托加工的货物用于非应税项目；⑤将自产、委托加工的货物用于集体福利或个人消费；⑥将自产、委托加工或购买的货物分配给股东或投资者；⑦将自产、委托加工或购买的货物作为投资，提供给其他单位或个体经营者；⑧将自产、委托加工或购买的货物无偿赠送他人；⑨单位和个体工商户向其他单位或者个人无偿提供交通运输业、邮政业和部分现代服务业服务，但以公益活动为目的或者以社会公众为对象的除外；⑩财政部、国家税务总局规定的其他情形。

混合销售行为：混合销售行为是指一项销售行为既涉及货物，又涉及非应税劳务（此处指属于应缴营业税的劳务），两者之间有紧密相连的从属关系。如销售家电产品并提供有偿送货服务，就是混合销售行为。我国税法规定，从事以货物生产、批发或零售为主的企业、企业性单位及个体经营者的混合销售行为，视为销售货物，属增值税征税范围；其他单位和个人的混合销售行为，视为销售非应税劳务，不属增值税征税范围。其中，从事以货物生产、批发或零售为主并兼营非应税劳务是指在纳税人年货物销售额与非应税劳务营业额的合计数中，年货物销售额超过50%，非应税劳务营业额不到50%。纳税人的销售行为是否属于混合销售行为，由国家税务总局所属征税机关确定。

兼营非应税劳务：兼营非应税劳务是指增值税纳税人在从事增值税应税货物销售或提供应税劳务的同时，也从事非应税劳务（营业税规定的各项劳务），但是两者之间无直接的联系和从属关系。如建筑装饰材料商店，一方面批发、零售建筑材料；另一方面对外承揽属于应纳营业税范围的装饰、安装业务。我国税法规定，纳税人兼营非应税劳务的，如果分别核算或准确核算货物或应税劳务和非应税劳务的销售额，按各自适用的税率征税；如果不分别核算或不能准确核算货物或应税劳务和非应税劳务的销售额，其非应税劳务应与货物或应税劳务一并征收增值税。纳税人兼营的非应税劳务是否应当一并征收增值税，由国家税务总局所属征收机关确定。

混业销售：混业销售是指纳税人兼有增值税不同税率或征收率的应税项目，即纳税人从事增值税不同税率、征收率的经营活动。混业销售的税务处理要求分别核算不同税率或征收率的销售额，未分别核算销售额的一律从高从重计税。

3.税率

我国增值税税率设计是以价外税为基础，遵循中性和简便原则，考虑到大多数纳税人的承受能力等诸多因素确定的。目前，我国对一般纳税人采取两档增值税税率，即基本税率和低一档税率的模式，对小规模纳税人采用征收率的模式。

纳税人销售或进口货物，一般实行基本税率17%。

纳税人销售或进口下列货物，税率为13%：①粮食、食用植物油（现规定为各类农产品，包括粮食、蔬菜、烟叶、茶叶、园艺植物、药用植物、油料植物、纤维植物、糖料植物、林业产品、其他植物、水产品、畜牧产品、动物皮张、动物毛绒和其他动物组织等）。②自来水、暖气、冷气、热水、煤气、石油液化气、天然气、沼气、居民用煤炭制品（自来水也可采用简易办法，按6%征收率计算纳税）。③图书、报纸、杂志（音像制品和电子出版物的适用税率也为13%；邮政部门发行报刊征收营业税，不征收增值税）。④饲料、化肥、农药、农机、农膜（现规定，种子、种苗、农用塑料薄膜和国家规定范围内的农业机械、化肥、农药、饲料免税）。⑤国务院规定的其他货物（现已规定的有金属矿、非金属矿采选产品、煤炭、工业盐和食用盐等）。

纳税人出口货物，税率为零，但是国务院另有规定的除外（国务院另有规定的是指国家禁止出口和限制出口的部分货物，如矿砂及精矿、铜铁初级产品、原油、车用汽油、煤炭、焦炭、原木、木炭、纸、石灰、尿素产品、杀虫脒、山羊绒、鳗鱼苗、某些援外货物等）。

纳税人提供加工、修理修配劳务（简称应税劳务），税率为17%。其税率的调整由国务院决定。

纳税人兼营不同税率的货物或者应税劳务，应当分别核算不同税率货物或者应税劳务的销售额。未分别核算销售额的，从高适用税率。

对属于一般纳税人的自来水公司销售自来水按简易办法依照6%征税率征收增值税，不得抵扣其购进自来水取得增值税扣税凭证上注明的增值税税款。

"营改增"主要设定11%和6%两档税率。纳税人提供交通运输业服务、基础电信服务，按11%税率计算征收增值税。纳税人提供现代服务业服务（有形动产租赁服务除外）、增值电信服务，按6%税率计算征收增值税。

4.税收优惠政策

税收优惠是国家税制的一个组成部分，是政府为了达到一定的政治、社会和经济目的而对纳税人实行的税收鼓励，包括减免税、税收扣除、税收抵免、优惠退税等形式。增值税的税收优惠主要体现在以下方面。

实行免收增值税政策。其项目如下：

（1）农业生产者销售自产农业产品，即从事种植业、养殖业、林业和水产业生产的单位和个人销售的自产初级农业产品。初级农业产品的具体范围由国家税务总局直属分局确定。

（2）销售和进口避孕药品与用具。

（3）销售和进口向社会收购的古旧图书。

（4）直接用于科学研究、科学实验和教学的进口仪器与设备。

（5）外国政府、国际组织无偿援助的进口物资和设备。

（6）由残疾人组织销售专供残疾人使用的设备。

（7）个人（不包括个体经营者）销售自己使用过的物品。

（8）对符合国家产业政策要求的国内投资项目，在投资总额内进口的自用设备（特殊规定不予免税的少数商品除外）。

（9）废旧物资回收经营单位销售其收购的废旧物资。

（10）从原高校后勤部门剥离出来而成立的进行独立核算并有法人资格的高校后勤经济实体经营高校餐饮食品为高校师生食堂提供的粮食、食用植物油、蔬菜、肉、禽、蛋、调味品和食堂餐具。

（11）"营改增"试点优惠政策中的免税项目：①个人转让著作权；②残疾人个人提供的应税服务；③航空公司提供的飞机播洒农药服务；④试点纳税人提供的技术转让、技术开发和与之相关的技术咨询、技术服务；⑤符合条件的节能服务公司实施合同能源管理项目中提供的应税服务；⑥台湾航运公司从事海峡两岸海上直航业务在大陆取得的运输收入；⑦境内单位和个人向中华人民共和国境外单位提供的电信业服务；⑧以积分兑换形式赠送的电信业服务。

实行即征即退增值税政策。其项目如下：

（1）利用煤炭开采过程中伴生的舍弃物油母页岩生产加工的页岩油及其他产品。

（2）利用城市生活垃圾生产的电力。

（3）销售以工业废气为原料生产的高纯度二氧化碳产品。

实行减半征收增值税政策。其项目如下：

（1）利用煤矸石、煤泥、油母页岩和风力生产的电力。

（2）销售以退役军用发射药为原料生产的涂料硝化棉粉。

规定增值税的起征点。规定增值税的起征点是对纳税人的一种照顾。目前，增值税起征点只适合于个人（包括个体经营者及其他个人）。其具体规定如下：

（1）销售货物的，为月销售额2000～5000元；

（2）销售应税劳务的，为月销售额1500～3000元；

（3）按次纳税的，为每次（日）销售额150～200元。

此处的销售额不包括应征增值税税额的销售额。国家税务总局直属分局在上述规定幅度内根据实际情况确定本地区适用的起征点，并报国家税务总局备案。

（四）增值税的计算

《增值税暂行条例》将纳税人按经营规模大小及会计核算健全与否划分为一般纳税人和小规模纳税人两种，并实行不同的征收管理办法。

1.一般纳税人应纳税额的计算

（1）一般纳税人和小规模纳税人的划分标准。小规模纳税人是指年销售额在规定标准以下，并且会计核算不健全，不能按规定报送有关税务资料的增值税纳税人。小规模纳税人的认定标准是：年应税销售额在100万元以下的，改为50万元；年应税销售额在180万元以下的，改为80万元。一般纳税人是指年应征增值税销售额（以下简称年应纳税销售额，包括一个公历年度内的全部应纳税销售额），超过增值税暂行条例规定的小规模纳税人标准的企业和企业性单位。

（2）一般纳税人的应纳税额。一般纳税人的应纳税额等于当期销项税额减当期进项税额。其可以用公式表示为：

$$应纳税额＝当期销项税额－当期进项税额$$

此处的当期是指税务机关依照税法规定对纳税人确定的纳税期限。

（3）销项税额的计算。销项税额是指纳税人销售货物或提供应税劳务，按照销售额或应税劳务收入和规定的税率计算并向购买方收取的税额。其计算公式如下：

$$销项税额＝销售额（不含税）×税率$$
$$不含税销售额＝含税销售额÷（1＋税率）$$

这里的销售额是指纳税人销售货物或者提供应税劳务向购买方收取的全部价款和价外费用，但是不包括收取的销项税额。其中，价外费用是指随同销售货物或提供应税劳务向购买方收取的手续费、补贴、基金、集资费、返还利润、奖励费、违约金（延期付款利息）、包装费、包装物租金、储备费、运输装卸费、代收款项、代垫款项及其他各种性质的价外收费，但是不包括向购买方收取的销项税额、受托加工应征消费税的消费品所代收代缴的消费税和纳税人代垫但同时将承运部门开具给购买方的运费发票转交给购买方的运费。

除了销售额的一般规定外，我国对特殊销售方式的销售额做了如下规定。

①折扣折让销售。折扣销售又称商业折扣，是商家为鼓励购买者多买货物而给予购买者的一种价格优惠。如购买10件9折销售，购买30件8折销售。税法规定，如果销售额和折扣额是在同一张发票上分别注明的，以折扣后的余额作为销售额；如果折扣额另开发票，不论财务如何处理，均不得从销售额中减除折扣额。销售折扣又称现金折扣，是销货方在销售货物或应税劳务后，为鼓励购货方尽早付清货款而许诺给予购货方的一种价格优待。如10天付清货款，可按售价折扣2%；20天付清货款，可按售价折扣1%；30天付清货款，没有折扣。因为折扣销售发生在销货之后，属于一种融资行为，故税法规定折扣额不得从销售额中减除。销售折让是货物售出后，作为已售产品出现品种、质量问题销货方给予购货方的补偿，是原销售额的减少，税法规定折让额可以从销售额中减除。

②以旧换新销售。以旧换新是指纳税人在销售自己的货物时，有偿收回旧货的行为。税法规定，采取以旧换新方式销售的，按新货同期销售价格确定销售额，不得扣减旧货收购价格。但对金银首饰以旧换新业务，可以按照销售方实际收取的不含增值税的全部价款征收增值税。

③还本销售。还本销售是指纳税人在销售货物后，到一定期限由销售方一次或分次退还给购货方全部或者部分货款。税法规定，采取还本方式销售的，不得扣减还本支出。

④以物易物销售。以物易物是指买卖双方进行交易时，不以货币进行结算，而是以同等价款的货物进行结算。税法规定，采取以物易物方式销售的，双方均做购销处理，以各自发出的货物核算销售额并计算销项税额，以各自收到的货物核算购货额并计算进项税额。

⑤销售带包装物的货物及包装物押金。税法规定，纳税人为销售货物而收取的包装物押金，如果单独记账核算，时间在一年以内，又未超过企业规定期限，不并入销售额征税（啤酒、黄酒按是否逾期处理，啤酒、黄酒以外的其他酒类产品收取的押金，无论是否逾期一律并入销售额征税）。因逾期（以一年为限）未收回包装物不再退还的押金，应并入销售额征税。

⑥旧货、旧机动车等的销售。税法规定，纳税人销售旧货（包括旧货经营单位销售旧货和纳税人销售自己使用过的应税固定资产），一律按4%的征收率减半征收增值税。纳税人销售自己使用过的应征消费税的机动车、摩托车、游艇，售价超过原值的，按照4%的征收率减半征收增值税；售价未超过原值的，免征增值税。旧机动车经营单位销售旧机动车、摩托车、游艇的，按照4%的征收率减半征收增值税。

⑦视同销售货物。视同销售行为会出现无销售额的现象，税法规定，对视同销售而无销售额者，按以下顺序确定销售额：按纳税人当月同类货物平均售价；如果当月没有同类货物，按纳税人最近时期同类货物平均售价；如果近期没有同类货物，就要按组成计税价格，组成计税价格=成本×（1+成本利润率），式中成本利润率按10%计算。如果该货物是应税消费品，公式中还应加上消费税金，但这时的成本利润率不再按10%计算，而应按消费税有关规定加以确定。

（4）进项税额的计算。进项税额是纳税人购进货物或接受应税劳务所支付或负担的税额，它与销售方收取的销项税额相对应，即销售方收取的销项税额就是购买方支付的进项税额。在我国实行增值税专用发票抵扣制，故税法规定允许直接抵扣的进项税只有两种：一是从销售方取得的增值税专用发票上注明的税额；二是从海关取得的增值税完税凭证上注明的税额。

考虑到在实际经营活动中，有些购销活动不能取得增值税专用发票，税法又规定在一些特殊情况下取得的普通发票可以按照一定比例计算抵扣进项税额。这些特殊情况包括以下三种。

①购进农业生产者销售的农副产品，或者向小规模纳税人购买农副产品，允许按照13%的扣除率计算进项税额。其进项税额的计算公式如下：

进项税额=买价×13%

②外购货物所支付的运输费用（固定资产除外）及销售货物所支付的运输费用（不能并入销售额的代垫费用除外），允许按照7%的扣除率计算进项税额。其进项税额的计算公式如下：

$$进项税额=运输费用×7\%$$

这里的运输费用是指运输费用和建设基金，不包括随同运费支付的装卸费、保险费等其他杂费。

③回收经营单位销售的免税废旧物资，允许按照10%的扣除率计算进项税

额。其进项税额的计算公式如下：

$$进项税额 = 普通发票注明的金额 \times 10\%$$

除了以上可以抵扣的进项税外，税法还规定了不得从销项税额中抵扣的进项税。其项目具体包括：购进固定资产；用于非应税项目的购进货物或应税劳务。此处的非应税项目是指提供非应税劳务、转移无形资产、销售不动产和固定资产或在建工程等；用于免税项目的购进货物或应税劳务；用于集体福利或个人消费的购进货物或应税劳务；非正常损失的购进货物；非正常损失的在产品、产成品所耗用的购进货物或应税劳务；纳税人购进货物或应税劳务，未按规定取得并保存增值税扣税凭证，或者增值税扣税凭证上未按规定注明增值税额和其他有关事项的。此处的非正常损失是指自然灾害损失，因管理不善造成货物被盗窃、发生霉烂变质等的损失及其他非正常损失。

2.小规模纳税人应纳税额的计算

小规模纳税人销售货物或提供应税劳务，按照不含税销售额和规定的征收率计算应纳税额，不得抵扣进项税额。其计算公式如下：

$$应纳税额 = （不含税）销售额 \times 征收率（4\%或6\%）$$

$$（不含税）销售额 = 含税销售额 \div （1 + 征收率）$$

3.进口货物应纳税额的计算

不论是一般纳税人还是小规模纳税人，进口货物均按照组成计税价格和规定的税率（13%或17%，同国内货物）计算应纳税额，并且不得抵扣进项税额。其计算公式如下：

$$应纳进口增值税 = 组成计税价格 \times 税率$$

$$组成计税价格 = 关税完税价格 + 关税 + 消费税$$

（五）出口货物退（免）税规定

出口货物退（免）税政策是为了提高本国出口货物在国际市场上的竞争力，鼓励和扩大本国产品出口而采取的一种国际通行政策。我国对出口货物也实行了此项政策。我国的出口退税是指对我国报关出口的货物退还或免征其在国内各生产和流转环节按税法缴纳的增值税和消费税，即对增值税出口货物实行零税率，对消费税出口货物免征。我国本着"征多少，退多少""未征不退和彻底退税"的基本原则，制定了不同的税务处理办法。

1.出口货物的退税率

出口货物的退税率是指出口货物的实际增值税征税额与退税计税依据的比例。我国现行出口货物退税率共分为九个档次，分别是：17%、15%、14%、13%、11%、9%、8%、6%、5%等。

2.出口货物应退税额的计算方法

我国对出口货物规定了两种退税计算方法，一种是"免、抵、退"方法，主要用于自营和委托出口自产货物的生产企业；另一种是"先征后退"方法，主要用于收购货物出口的外贸企业。

（1）"免、抵、退"税的计算方法

"免"税，是指对生产企业出口的自产货物，免征本企业生产销售环节增值税；"抵"税，是指生产企业出口自产货物所耗用的原材料、零部件、燃料、动力等所含应予退还的进项税额，抵顶内销货物的应纳税额；"退"税，是指生产企业出口的自产货物在当月内应抵顶的进项税额大于应纳税额时，对未抵顶完的部分予以退税。

①当期应纳税额的计算。其计算公式如下：

应纳税额=当期内销货物的销项税额—

（当期进项税额—当期免抵退税不得免征和抵扣税额）—上期留抵税额

式中：

不得免征和抵扣税额=当期出口货物离岸价×外汇人民币牌价×（出口货物征税率—出口货物退税率）—免抵退税不得免征和抵扣税额和抵减税额

出口货物离岸价（FOB）以出口发票计算的离岸价为准。出口发票不能如实反映实际离岸价的，企业须按实际离岸价向主管国税机关申报，主管税务机关也有权按有关规定予以核定。

免税购进原材料包括从国内购进免税原材料和进料加工免税进口料件，其中，进料加工免税进口料件的价格为组成计税价格。

其计算公式为：

进料加工免税进口料件的组成计税价格=货物离岸价+

海关实征关税和消费税

②免抵退税额的计算。其计算公式如下：

免抵退税额=出口货物离岸价×外汇人民币牌价×出口货物退税额—

免抵退税额抵减额

式中：

免抵退税额抵减额＝免税购进原材料价格×出口货物退税率

③当期应退税额和免抵税额的计算。其计算公式如下：

若当期期末留抵税额≤当期免抵退税额，则：

当期免抵税额＝当期免抵退税额－当期应退税额

若当期期末留抵税额＞当期免抵退税额，则：

当期应退税额＝当期免抵退税额

当期免抵税额＝0

（2）"先征后退"的计算方法

外贸企业及实行外贸财务制度的工贸企业收购货物出口，其出口销售环节的增值税免征；其收购货物的成本部分，因外贸企业在支付收购货物的同时也支付了生产经营该类商品的企业已纳的增值税款，因此允许退还已纳的增值税款。其计算公式如下：

应退税额＝外贸收购不含增值税购进金额×退税率

三、消费税

（一）消费税的概念和特点

1.消费税的概念

消费税是对规定的消费品和消费行为征收的一种税。它是当今世界各国普遍征收的一种税，不仅是国家财政收入的一项来源，也是贯彻国家产业政策，调节消费的一种手段。如我国就对奢侈品、高档消费品及资源不可再生性的产品征收消费税。

2.消费税的特点

消费税与其他商品税相比具有寓禁于征的目的性。而为了实现这一目的，消费税在课税范围、税率和课税环节等方面都有特殊规定，也显示了如下特征。

（1）征收范围具有选择性

消费税不是对所有的消费品和消费行为都征税，只是对所选择的部分消费品或消费行为征税。而所选择的这些消费品基本上具有消费量大、需求弹性大和税源普遍的特点。这主要包括非生活必需品、奢侈品、嗜好品、高能耗消费品、不可再生的资源消费品等。从国际上的实施情况看，大多是在对全部产品征收增值税的基础上，再选择部分消费品征收消费税，互为补充。

（2）征收方法具有多样性

消费税征收范围确定后，根据消费品的不同种类、档次实行不同的征收方法，既有从价定率征收方法，又有从量定额征收方法，还有把从价定率和从量定额的计税方法相结合的复合计税征收方法。

（3）纳税环节具有单一性

消费税实行单一环节征收（主要是在生产、委托加工或进口环节），这样就可以集中征收，减少纳税人的数量，降低税收成本，防范税收流失，同时也避免了重复征税。

（4）因属于价内税而具有转嫁性

消费税属于价内税，无论在哪个环节征收，纳税人都可以通过提高销售价格的方式将自己所纳的消费税转嫁给消费者。

（5）一般没有减免税规定

开征消费税的目的之一是引导消费结构，对特殊消费品或消费行为进行调节。因此，居民必需消费品就不在消费税的征收范围之内，也就没有必要进行税收减免。

（二）消费税的征收制度

1.征税范围和纳税人

（1）征税范围

消费税的征税范围是在中华人民共和国境内生产、委托加工和进口的特种消费品。目前，我国征收消费税的消费品可以分为五大类：一是过度消费会对人类健康和生态环境等方面造成不利影响的消费品，如烟、酒、鞭炮等；二是非生活必需品和奢侈品，如贵重首饰和珠宝玉石和游艇等；三是高能耗的消费品，如汽车、摩托车等；四是不可再生和不可替代的资源类消费品，如成品油、实木地板等；五是有利于筹集财政资金，增加财政收入的消费品，即对较普遍的产品如汽车轮胎、化妆品等课以消费税。

（2）纳税人

凡在中华人民共和国境内生产、委托加工和进口应税消费品的单位和个人都是消费税的纳税义务人。这里的"单位"包括国有企业、集体企业、私有企业、股份制企业、外商投资企业和外国企业、其他企业，及行政单位、事业单位、军事单位、社会团体和其他单位；"个人"是指个体经营者和其他个人。消费税纳税人具体包括：生产应税消费品的单位和个人；进口应税消费品的单位和个人；委托加工应税消费品的单位和个人。其中，委托加工应税消费品由受托方提货时代扣代缴，但若受托方为个体经营者，则应由委托方回委托方所在地申报纳税。自产自用应税消费品，由自产自用单位和个人在移送使用时缴纳消费税。

2.征税对象

根据《中华人民共和国消费税暂行条例》和消费税改革后的新规定，目前消费税的征税对象包括烟、酒、化妆品、汽车、游艇、高尔夫球等14个项目，有的项目又被细分为若干子项目。消费税的具体税目如下。

（1）烟。这是指以烟叶为原料加工生产的产品，包括卷烟（进口和国产）、雪茄烟和烟丝三大类。

（2）酒及酒精。酒是指酒精度在1度以上的各种酒类饮料，包括白酒、黄酒、啤酒、果木酒、汽酒、药酒和其他酒。酒精包括用蒸馏法和合成法生产的各种工业酒精、食用酒精和医用酒精。

（3）化妆品。这包括如香水、香粉、口红在内的化妆品和高档护肤品。但是，属于舞台、戏剧、影视演员化妆用的上妆油、卸妆油、油彩、发胶和头发漂白剂等，不属于本税目。

（4）贵重首饰及珠宝玉石。这包括金银珠宝首饰和经采掘、打磨和加工的各种珠宝玉石。

（5）鞭炮、焰火。

（6）成品油。此税目下设了包括汽油、柴油、石脑油和润滑油等在内的7个子税目。

（7）汽车轮胎。这是指用于各种汽车、挂车、专用车和其他机动车上的内、外胎，但不包括农用拖拉机、收割机、手扶拖拉机的专用轮胎。

（8）小汽车。

（9）摩托车。

（10）高尔夫球及球具。

（11）高档手表。这是指销售价格（不含增值税）每只在10 000元（含）以上的各类手表。

（12）游艇。

（13）木制一次性筷子。

（14）实木地板。

3.税率

我国的消费税采用比例税率和定额税率两种形式。其中，黄酒、啤酒和成品油实行定额税率，即依据单位重量或单位体积确定单位税额；化妆品、高档手表等应税消费品实行比例税率，如化妆品的税率为30%，高档手表的税率为20%。除此以外，还有比例税率加定额税率的复合计税形式。目前，我国只对白酒和卷烟两种应税消费品实行复合计税。其中，白酒定额税率为每500克0.5元，比例税率为20%；卷烟定额税率为每标准箱（50 000支）150元，每标准条（200支，下同）调拨价格在70元（不含增值税）以上的卷烟，生产环节（含进口）的税率调整为56%；每标准条调拨价格在70元（不含增值税）以下的卷烟，生产环节（含进口）的税率调整为36%。

4.税收优惠政策

首先，纳税人自产自用的应税消费品，用于连续生产应税消费品的，不纳税。委托加工的应税消费品，委托方用于连续生产应税消费品的，所纳税款准予按规定抵扣。

其次，对纳税人出口应税消费品，免征消费税。

最后，经国务院批准，金银首饰消费税由10%的税率减按5%的税率征收。

（三）消费税的计算

1.消费税的计税依据

（1）销售额的确定

应税消费品的销售额是指纳税人销售应税消费品向购买方收取的全部价款和价外费用。其中，价外费用主要包括价外收取的基金、集资款、返还利润、补贴、违约金、品牌使用费（主要是指白酒的品牌使用费）、代收款项、代垫款项和其他各种形式的价外费用等。但是，价外费用不包括向购买方收取的增值税款、受托加工应征消费税的消费品所代扣代缴的消费税和纳税人代垫但同时将承运部门开具给购买方的运费发票转交给购买方的运费。价外费用通常按含税价格收取，因此，计算时要转换成不含税的销售额。

（2）销售数量的确定

销售数量是指应税消费品的数量，具体为：销售应税消费品的，为应税消费品的销售数量；自产自用应税消费品的，为应税消费品的移送使用数量；委托加工应税消费品的，为纳税人收回的应税消费品数量；进口应税消费品的，为海关核定的应税消费品进口征税数量。

2.消费税的应纳税额的计算

消费税采用从价定率计征、从量定额计征和复合计征三种方法来计算应税消费品应缴纳的消费税额。

从价定率应纳税额的计算公式如下：

$$应纳税额 = 应税消费品的销售额 \times 适用税率$$

从量定额应纳税额的计算公式如下：

$$应纳税额 = 应税消费品的销售数量 \times 适用单位税额$$

我国消费税对黄酒、啤酒和成品油实行定额税率，采用从量定额的办法征税。从价定率和从量定额相结合的复合计算公式如下：

$$应纳税额 = 应税消费品的销售额 \times 适用税率 + 应税消费品的销售数量 \times$$
$$适用单位税额$$

我国消费税对烟、粮食及薯类、白酒实行从量定额和从价定率相结合的复合计税办法来计算应纳税额。

除了上述一般性规定外，还对下列行为做了具体规定。

（1）自产自用应税消费品应纳税额的计算。自产自用通常指的是纳税人生产应税消费品后，不是直接用于对外销售，而是用于连续生产应税消费品或用于其他方面。按照《中华人民共和国消费税暂行条例》规定，纳税人自产自用的应税消费品，用于连续生产应税消费品的，不纳税。如卷烟厂外购烟叶加工烟丝，用烟丝生产卷烟，烟丝作为中间产品用于卷烟连续生产时不纳税。但纳税人自产自用的应税消费品用于其他方面（生产非应税消费品和在建工程、管理部门、非生产机构、提供劳务以及用于馈赠、赞助、奖励等），视同销售纳税，在移送使用环节纳税。

对于自产自用的应税消费品用于其他方面，在计算应纳税额时，如果有同类消费品的销售价格，按照纳税人生产的同类消费品的销售价格计算纳税；如果没有同类消费品的销售价格，则应按组成计税价格计算。其计算公式为：

$$组成计税价格 = （成本 + 利润）÷ （1 - 消费税税率）$$

（2）委托加工应税消费品应纳税额的计算。委托加工是指委托方提供原材料及主要材料，受托方只收取加工费代垫辅助材料的业务。委托加工应税消费品由委托方代扣代缴消费税（受托方是个体经营者除外，此时由委托方收回后在其所在地缴纳）。

委托加工应税消费品的销售额按如下顺序计算。

第一，受托方有同类消费品消费的，按受托方当月销售的同类消费品的销售价格计算。

第二，受托方当月销售的同类消费品的销售价格高低不同的，按销售数量加权平均计算。

第三，受托方没有同类消费品消费的，按组成计税价格计算。组成计税价格的计算公式如下：

$$组成计税价格 = （材料成本 + 加工费）÷ （1 - 消费税税率）$$

式中，材料成本是指合同中注明的材料成本，而不是实际耗用的成本。

3.进口应税消费品应纳税额的计算

实行从量定额办法计算应纳税额的，按照进口应税消费品的数量计算纳税；实行从价定率办法计算应纳税额的，按照组成计税价格计算纳税。其计算公式如下：

$$组成计税价格 = （关税完税价格 + 关税）÷ （1 - 消费税税率）$$

$$海关代征的消费税税额 = 组成计税价格 × 消费税税率$$

（四）出口应税消费品的退（免）税

1.出口应税消费品退（免）税的基本政策

纳税人出口应税消费品，国家给予退（免）税优惠，在政策上可以分为以下三类。

（1）出口既免税又退税

这一政策适用于有出口经营权的外贸企业购进应税消费品直接出口，以及外贸企业受其他外贸企业委托代理出口应税消费品。

（2）出口只免税不退税

这一政策适用于有出口经营权的生产性企业自营出口或生产企业委托外贸企

业代理出口自产的应税消费品，依据其实际出口数量免征消费税，不予办理退还消费税。

（3）出口既不免税也不退税

一般商贸企业适用这一政策。

2.出口应税消费品应退税额的计算

外贸企业出口按从价定率计征的应税消费品应退税额的计算公式为：

应退消费税税额=出口消费品的工厂销售额（不含税价）× 消费税税率

外贸企业出口按从量定额计征的应税消费品应退税额的计算公式为：

应退消费税税额=出口消费品的工厂销售数量 × 消费税单位税额

商品课税还包含营业税、关税等，这里不再过多介绍。

第二节 所得课税

一、所得税的含义

所谓所得税，就是以所得为课税对象，向取得所得的纳税人课征的税。所得税的课税对象是所得。关于所得的概念，西方经济学界有着不同的解释。狭义的解释将所得定义为在一定期间内运用资本或劳力所获得的货币收益或报酬。广义的解释将所得定义为在一定期间内所获得的一切经济利益，而不管其来源怎样、方式如何，是货币收益还是实物收益。较为流行的解释是，所得是指财富的增加额，等于一定期间内的消费支出额加上财富净值的变动额。按照这种解释，凡是能够增加一个人享用物品和劳务的能力的东西，都应该视为所得。所以，无论是经常所得还是偶然所得，无论是可预期所得还是不可预期所得，无论是已实现所得还是未实现所得，都应该视为所得。这种解释实际上属于广义的解释。

在实践中，所得的范围要狭窄得多。通常情况下，课税对象或范围的选择是以交易为基础的，即所得税是对已实现所得的课税。并且，所得税并不是对已实现的总所得征税，从总所得中扣除必要的费用之后才是应税所得。

就个人所得税而言，征税的所得项目一般由工资、薪金、股息、利息、租金、特许权使用费、及资本利得等构成。可以从个人总所得中扣除的必要的费用主要由两个部分构成：一部分是为取得收入而必须支付的有关费用，即所谓"事业经费"，如差旅费、误餐费、工作服费、维修费、搬迁费等；另一部分是维持基本生活所需的"生计费"。对前一部分费用，通常是按项目规定扣除标准，但各国的宽严程度有较大差别；对后一部分费用，通常是按家庭成员的构成规定扣除标准，而这又依各国经济发展水平的高低而不同。

就企业所得税而言，应当计税的所得项目通常包括：经营收入，即销售价款减去销售成本之后的销售利润；资本所得，即出售或交换投资的财产，如房地产、股票、特许权使用费等实现的收入；股息收入，即企业作为其他公司的股东而取得的收入；利息收入；财产租赁收入；前期已支付费用的补偿收入，如保险收入等；其他收入，如营业外收入等。同个人所得税计算过程中的扣除项目相比，企业所得税的扣除比较简单，它不存在个人宽免与生计费扣除的问题，可以从总所得中扣除的只有费用开支，而且只能扣除与取得的收入有关的那一部分必要的费用开支。这些费用开支通常包括：经营管理费用，如工资、租金、原材料费用、维修费用、差旅费、利息费用、保险费、广告费；折旧和折耗，如固定资产折旧、资源折耗等；各项税金，即所缴纳的各项税款；其他费用，如坏账、意外损失、法律和会计事务费、研究和发展费用。

二、所得税的课征范围

（一）个人所得税的课征范围

税收的课征范围是指一个主权国家的税收管辖权及于课税主体（纳税人）和课税客体（课税对象）的范围。要说明个人所得税的课征范围，需要从税收管辖权说起。税收管辖权是国家主权的有机组成部分。在现代国际社会中，所有主权国家对其管辖领域内的一切人和物，均有行使国家主权的权力，税收管辖权就是国家在处理税收事务方面的管理权。

在各国长期实践的基础上，已经为国际公认的税收管辖权原则上大体有两种：一是属地主义原则，它根据地域概念确定，以一国主权所及的领土疆域为其行使税收管辖权的范围，而不论纳税人是否为本国公民或居民。按照属地主义原则所确立的税收管辖权，叫作"收入来源地税收管辖权"。这种税收管辖权确认，收入来源国有权对任何国家的居民或公民取得的来源于其境内的所得课税。二是属人主义原则，它依据人员概念确定，以一国所管辖的公民或居民为其行使税收管辖权的范围，而不论这些公民或居民所从事的经济活动是否发生在本国领土疆域之内。按照属人主义原则所确立的税收管辖权，叫作"居民（公民）税收管辖权"。这种税收管辖权确认，居住国或国籍国有权对居住在其境内的所有居民或具有本国国籍的公民取得的来源于全世界范围的所得课税。因此，各国在个人所得税上的可能课征范围可以概括为：本国居民或公民取得的来源于全世界范围的所得，以及外国居民或公民取得的来源于该国疆域范围的所得。也就是说，居民或公民要承担全部所得的纳税义务，非居民或非公民则承担有限纳税义务。

各国要对本国居民或公民取得的来源于全世界范围的所得课征个人所得税，对纳税人居民或公民身份进行认定是前提。公民身份的认定比较容易。由于公民身份的取得必须以拥有国籍为前提条件，各国便多以国籍作为区分公民和非公民的标准。类似的问题也存在于收入来源地税收管辖权的行使上。各国要对外国居民或公民取得的来源于本国境内的所得课征个人所得税，只有在认定外国纳税人与本国具有收入来源地的联结因素的前提下，才可对其来源于本国境内的所得课税。

需要指出的是，居民、公民及收入来源地的认定标准，虽有国际通行的一般规则，但具体到各国，则还有许多细微的差别，最终还要决定于各国的税法。

（二）公司（或企业）所得税的课征范围

同个人所得税课征范围的原理一样，公司（或企业）所得税的课征范围也是由各国所行使的税收管辖权决定的。将公司（或企业）区分为居民公司（或企业）和非居民公司（或企业），居民公司（或企业）负无限纳税义务，非居民公司（或企业）负有限纳税义务。各国在公司（或企业）所得税上的课征范围可以概括为，居民公司（或企业）取得的来源于全世界范围的所得，以及非居民公司（或企业）取得的来源于该国疆域范围内的所得。

居民公司（或企业）的认定标准，也是从"住所""居所"的基本概念延伸出来的。法人的固定住所就是它诞生的地方，即法人登记成立的国家。法人的住所和居所的区别在于，住所是指公司（或企业）的登记成立地，居所是指公司（或企业）的控制和管理机构所在地。因此，各国通行的居民公司（或企业）的认定标准大体有登记注册、总机构和管理中心三种标准：登记注册标准，是依据公司（或企业）的注册登记地点而定的，若公司（或企业）根据本国的法律，在本国登记注册，就是本国的居民公司（或企业）；总机构标准，是依据公司（或企业）的总机构设立地点而定的，若公司（或企业）的总机构设在本国境内，就是本国的居民公司（或企业）；管理中心标准，是依据公司（或企业）实际控制或实际管理中心的所在地而定的。若公司（或企业）的实际控制或实际管理中心所在地在本国境内，就是本国的居民公司（或企业）。凡不在上述标准之内的公司（或企业），均属非居民公司（或企业）。

三、所得税的类型

在对个人所得征税时，会涉及课征模式的选择，也就是选择实行什么类型的所得税，通常所说的所得税的类型实际上是以对个人不同来源的所得按什么模式课征作为标准来划分的。一般将所得税划分为三种类型。一是分类所得税（也称分类税制），即将所得按来源划分为若干类别，对各种不同来源的所得分别计算征收所得税。分类所得税的主要优点是，它可以对不同性质的所得分别采用不同的税率，实行差别待遇。二是综合所得税（也称综合税制），即对纳税人全年各种不同来源的所得，综合计算征收所得税。综合所得税的突出优点，就是其最能体现纳税人的实际负担水平，最符合支付能力原则或量能课税的原则。三是分类综合所得税（也称混合税制），即将分类课征和综合计税相结合，先按分类所得税课征，然后再对个人全年总所得超过规定数额以上的部分按累进税率计税。

四、所得税的课征方法

（一）个人所得税的课征方法

个人所得税的课征方法有从源征收法和申报清缴法两种，各国往往根据不同收入项目同时采用这两种课征方法。

所谓从源征收法，是指在支付收入时代扣代缴个人所得税，即支付单位依据税法负责对所支付的收入项目扣缴税款，然后汇总缴纳。这种方法的主要优点在于：一是可以节约税务机关的人力物力消耗，简化征收管理手续；二是可以避免或减少逃税，及时组织税款入库。

所谓申报清缴法，就是将分期预缴和年终汇算清缴相结合，由纳税人在纳税年度申报全年估算的总收入额，并按估算额分期预缴税款，到年度终了时，再按实际收入额提交申报表，依据全年实际应纳所得税额，对税款多退少补。这种方法的主要优点在于，能够综合个人的各项所得，适合采用累进税率，从而能够发挥所得税的优势。其缺点是，可能会发生逃税现象，在税收征收管理水平低的国家尤为如此。

（二）公司（或企业）所得税的课征方法

各国对公司（或企业）所得税的课征，一般都采用申报纳税方法。通常的情况是，纳税年度由公司（或企业）根据其营业年度确定，但一经确定便不能随意改变，一般在年初填送预计申报表，在年终填送实际申报表；税款实行分季预缴，年终清算，多退少补。

五、所得课税的优缺点

（一）所得课税的优点

所得课税具有以下优点。

第一，税源普遍，课税有弹性。在正常条件下，凡从事生产经营活动的一般都有所得，都要缴纳所得税，因此，所得课税的税源很普遍。并且，所得来源于经济资源的利用和剩余产品的增加，随着人们经济活动的扩大和资源利用效率的提高，剩余产品会不断增长，各种所得也会不断增长，因而所得课税收入会不断增长，国家还可以根据需要灵活调整税负水平，以适应政府支出的增减。

第二，税负相对公平。所得课税是以纯收入或净所得为课税对象的，一般实行累进税率，符合支付能力原则，并且往往有起征点、免征额等方面的规定，可以在征税上照顾低收入者，有助于社会公平的实现。

第三，一般不存在重复征税问题，不直接影响商品的相对价格。所得课税是以纳税人的总收入减去准予扣除项目后的余额为计税依据的，征税环节单一，只要不存在两个或两个以上的课税权主体，就不会出现重复征税。所得课税以纳税人的总收入减去准予扣除项目后的余额为计税依据，也决定了对所得课税不会直接影响商品的比价关系，因而不会影响市场的运转。

第四，属于直接税，税负不易转嫁。所得课税以纳税人的总收入减去准予扣除项目后的余额为计税依据，一般不易进行税负转嫁，对市场机制的正常运行干扰较小。这一特点也有利于利用所得课税调节人们的收入水平，缩小收入差距，实现社会公平目标。在采用累进税率的情况下，这一作用尤为明显。

第五，有利于维护国家的经济权益。在国际经济交往与合作不断扩大的现代社会，跨国投资和经营的情况极为普遍，由此产生了跨国所得。对跨国所得征税是任何一个主权国家应有的权益，这就需要利用所得课税可以跨国征税的天然属性，参与纳税人跨国所得的分配，维护本国的经济权益。

（二）所得课税的缺点

所得课税的缺点体现在以下三方面：

第一，所得课税的开征及其财源受公司（或企业）利润水平和人均收入水平的制约。

第二，所得课税的累进课税方法会在一定程度上压抑纳税人的生产和工作的积极性。

第三，所得课税的计征管理比较复杂，需要较高的税务管理水平，在发展中国家广泛推行往往会遇到困难。

六、所得课税的功能

概括地说，所得税具有筹集收入和调节经济两大功能。其中，调节经济的功能表现在对收入分配的调节和对经济波动的调节上。所得税的调节经济的功能在当今社会受到各国的普遍重视，所得税成为各国政府促进收入公平分配和稳定经济的一个有力手段。在促进收入公平分配方面，个人所得税通过累进课征可以缩小人们的收入差距，通过税收优惠给予低收入者种种照顾，可以缓解社会矛盾，保持社会稳定。在稳定经济方面，实行累进税率的个人所得税可以发挥自动稳定经济的作用。当经济过热，社会总需求过大时，个人的所得会大幅度增加，原来按较低税率纳税的人要改按较高税率纳税，税收收入会相对增加，而纳税人的税后可支配收入会相对减少，从而可以抑制纳税人的投资和消费冲动，维持经济稳定；反之，当经济萧条，纳税人的收入下降时，适用税率会自动下降，又可以刺激投资和消费，促进经济复苏。具有这种功能的所得税被称为"自动稳定器"或"内在稳定器"。除此之外，政府可以根据社会总供给和总需求的平衡关系灵活调整税负水平，抑制经济波动。当经济增长速度过快，总需求过旺时，提高所得税税负水平；当经济处于萧条时期，社会总需求萎缩时，降低所得税税负水平。

第三节　财产课税

财产税是指以各类动产和不动产为课税对象的税收，如一般财产税、遗产税、赠与税等。

一、财产税的含义

财产税是对财产所有人、占有人或使用人所拥有或支配的应税财产，就其数量或价值依法征收的一种税。

（一）财产税的发展历史

财产税是世界上最古老的税类，它是随着私有财产制度的确立而发展起来的。现代意义上的财产税于1892年创行于荷兰，以后德国、丹麦、瑞典、挪威等国相继依法开征了财产税。到近现代社会，随着商品税和现代直接税的产生与发展，财产税的地位和作用有所下降，但作为现代三大税收体系的一个独立体系，财产税仍然发挥着其他税种不可替代的作用。在美、英等国，财产税是地方政府财政收入的重要来源。随着生产力的发展和社会形态的更迭，财产税的课税对象也发生了很大变化。在以自然经济为特征的古代社会，财产税主要以土地为课税对象。后来随着财产种类的日益增多，财产税的课税对象也趋于复杂多样，除了土地、房屋等不动产外，也有动产，包括汽车等有形动产和股票、债券等无形动产。从各国已课财产税来看，财产税的课征范围大多数是房屋、土地、车辆、遗产等财产。对于机器、设备等生产资料和日用生活物品及货币等，一般很少课征财产税。

随着改革开放的不断深入，我国社会财富的分配形成了新的格局：一是随着以公有制为主导、多种经济成分并存的多元化经济结构的确立，居民收入水平提高，非国有财产大量增加；二是伴随着"鼓励一部分人先富起来"的政策的推行，居民之间收入水平差距拉大，个人之间财产的占有量悬殊。针对这种情况，国家先后恢复开征财产税的相关税种。我国现行财产税制主要包括房产税、契税、车船税和车辆购置税等税种。

（二）财产税的类型

根据不同标准，财产税可以分为多种形式。以课征范围为标准，财产税可分为一般财产税和特种财产税。一般财产税也称综合财产税，是对纳税人所拥有的全部财产，按其综合计算的价值进行课征的一种财产税。理论上是如此，但现实中一般财产税并非将纳税人所有的财产都作为计税依据，在课征时通常要考虑到对一定货币数量以下的财产和纳税人日常生活必需品的免税，以及负债的扣除，有的国家一般财产税中还规定了起征点。特种财产税也称特别财产税，是对纳税人的某种财产单独课征的一种财产税。如对土地课征的土地税或地产税，对房屋课征的房产税，对土地和房屋合并征收的房地产税等均属于个别财产税。个别财产税在课征时一般不需要考虑免税和扣除。

以征税对象为标准，财产税可分为静态财产税和动态财产税。静态财产税是对一定时期处于相对静止状态的财产，按其数量或价值进行课征的财产税。如地产税、房产税等均属于静态财产税。其特点是在征收时间上有一定的规律性，通常是定期征收，如房产税一般都是实行按年征收。动态财产税是对财产所有权的转移或变动（如继承、赠与和增值等）征税，即对因无偿转移而发生所有权变动的财产按其价值所课征的财产税，如遗产税、继承税等。动态财产税是以财产所有权的变动和转移为前提课征的，其特点是在财产交易时一次性征收，如遗产税是在发生遗产继承行为时一次性征收的。

以计税依据为标准，财产税可分为从量财产税与从价财产税。从量财产税是指以纳税人的应税财产数量为计税依据，实行从量定额征收的财产税。其特点是纳税人应纳税额的多少，完全取决于其拥有财产的数量，而与其财产的价值无关，因而从量财产税一般不受价格变动的影响。从价财产税是指以纳税人的应税财产的价值为计税依据，实行从价定率征收的财产税。其特点是纳税人应纳税额的多少，视其所拥有财产的价值大小而定，因而从价财产税通常受价格变动的影响较大。从价财产税又可分为财产价值税和财产增值税。所谓财产价值税，就是对拥有所有权或使用权的财产的全部价值计算课征的财产税。在现实中，财产的计税价格又有原始价、重置价和市场价之分。所谓财产增值税，是指对出售或清理资产，售出收入超过购入价格而产生的增值额的课税，即只对财产的现值超过原值的增值部分征税，而不考虑财产的总价值或财产净值。

二、财产税的一般特征及其优缺点

（一）财产税的一般特征

从财产课税体系的历史发展及当今各国的财产课税制度来看，财产税的一般特征主要表现在以下三方面。

1.财产税是对财富的存量课税

作为财产税课税对象的财产，一般是在某一时点个人拥有并受其支配的财富，从整个社会来看，是社会财富处于存量的部分。相对于就商品流转额课征的商品税和就所得额课税的所得税，财产税的课税对象具有明显的非流动性的特点。

2.财产税多属于直接税，其税负较难转嫁给他人

财产税主要是对使用、消费过程中的财产征收的，而对生产、流通中的财产不征税，因此，财产税很少有转嫁的机会。

3.财产税一般作为地方税种

与商品税和所得税相比，财产税的课税对象是固定的，而不是流动的，因而财产税具有分散、区域性等特点，由地方政府征收便于掌握和控制税源，所以许多实行分税制的国家大多将财产课税归入地方税体系，作为地方政府的收入来源。

（二）财产税的优缺点

财产税的优点体现为：一是比较符合税收的量能纳税原则。财产是测量社会成员纳税能力的一个重要尺度，即有财产者就有纳税能力。不论按财产价值征

税，还是按财产收益征税，都适合社会成员的纳税能力，都能体现公平负担的原则。二是有利于调节收入分配。财产税作为一种直接税，可以防止财产过于集中于社会少数人，调节财富的分配，体现社会分配的公正性。在调节纳税人财产收入方面，财产税可以弥补所得税和流转税的不足。三是财产税收入较稳定。由于财产具有相对稳定性，财产税不易受经济变动等因素的影响，税收收入稳定可靠；加之土地、房产等不动产的位置固定，标志明显，税收不易逃漏，作为课税对象具有收入上的稳定性。

但财产税也有一定的缺点，表现为：一是财产税在收入上弹性小，不能随着财政的需要而筹集资金；二是财产税的征税范围难以普及纳税人的全部财产，无形财产不易征税，造成税负的不公平和不合理；三是财产税一般都是从价计征，估价工作较为复杂，加大了税收征管的工作量和成本；四是财产税容易打击人们投资、工作和储蓄的积极性，从而妨碍资本的形成和积累，影响经济的发展。正因为存在上述缺陷，在现代市场经济条件下，财产税已不再是世界各国税制中的主体税种，而是税制结构中的辅助税种。

三、房产税

（一）征税范围和纳税人

1.征税范围

所谓房产，是指以房屋形态表现的财产，即有屋面和围护结构（有墙或两边有柱），能够遮风避雨，可供人们在其中生产、工作、学习、娱乐、居住或储藏物资的场所。与房屋不可分割的各种附属设施或不单独计价的配套设施，也属于房产，应一并征收房产税；但独立于房屋之外的建筑物（如水塔、围墙、烟囱等），因其不属于房产，不对其征收房产税。

房产税在城市、县城、建制镇和工矿区征收。其中，城市是指国务院批准设立的市。城市的征税范围为市区和郊区，不包括农村；县城是指未设立建制镇的县人民政府所在地；建制镇是指经省、自治区、直辖市人民政府批准设立的建制镇，建制镇的征税范围为镇人民政府所在地，不包括所辖的行政村；工矿区是指工商业比较发达，人口比较集中，符合国务院规定的建制镇的标准，但未设立建制镇的大中型工矿企业所在地，开征房产税的工矿区须经省级人民政府批准。房产税的征税范围不包括农村，其主要目的是减轻农民负担，因为农村的房屋除农副业生产用房外，大部分是农民居住用房。农村房屋不纳入房产税征税范围，有利于农业发展，繁荣农村经济和促进社会稳定。

2.纳税人

房产税以在征税范围内的房屋产权所有人为纳税人。

（1）产权属于国家所有的，由经营管理的单位缴纳。产权属集体和个人所有的，由集体单位和个人纳税。

（2）产权出典的，由承典人缴纳。所谓产权出典，是指产权所有人将房屋、生产资料等的产权，在一定期限内典给他人使用而取得资金的一种融资业务。这种业务大多发生于出典人急需用款，但又想保留产权回赎权的情况。承典人向出典人交付一定的典价之后，在质典期内即可获得抵押物品的支配权，并可转典。产权的典价一般要低于卖价。出典人在规定期间内须归还典价的本金和利息，方可赎回出典房屋等的产权。由于在房屋出典期间，产权所有人已无权支配房屋，因此，税法规定由对房屋具有支配权的承典人为纳税人。

（3）产权所有人、承典人不在房产所在地的，或者产权未确定及租典纠纷未解决的，由房产代管人或者使用人缴纳。所谓租典纠纷，是指产权所有人在房产出典和租赁关系上，与承典人、租赁人发生各种争议，特别是权利和义务的争议。对产权归属不清或租典纠纷尚未解决的房产，规定由代管人或使用人为纳税人，主要目的在于加强征收管理，保证房产税及时入库。

上述产权所有人、经营管理单位、承典人、房产代管人或者使用人，统称为纳税义务人（简称纳税人）。

（二）计税依据

房产税区分为从价计征和从租计征两种计算缴纳形式。

从价计征的，考虑到房屋的自然损耗因素，为了计算便利，房产税依照房产原值一次减除10%～30%后的余值计算缴纳，具体减除幅度，由省、自治区、直辖市人民政府规定。其中，房产原值是指纳税人按照会计制度规定，在账簿"固定资产"科目中记载的房产原值。凡按会计制度规定在账簿中记载有房屋原值的，应以房屋原值按规定减除一定比例后作为房产余值计征房产税。对纳税人未按照会计规定记载的，在计征房产税时，要按规定调整房产原值。对房产原值明显不符的，要重新予以评估。对没有房产原值作为依据的，由房产所在地税务机关参考同类房产核定。房产原值的计算范围应包括与房屋不可分割的各种附属设备或一般不单独计算价值的配套设施。纳税人对原有房屋进行改建、扩建的，要相应增加房屋的原值。在计算房产余值时，房产原值的具体减除比例由省、自治区、直辖市人民政府在税法规定的减除幅度内自行确定。这样规定，既有利于各地区根据本地情况，因地制宜地确定计税余值，又有利于平衡各地税收负担，简化计算手续，提高征管效率。

房产出租的，以房产租金收入为房产税的计税依据。房屋租金收入是房屋产权所有人出租房产使用权所取得的报酬，包括货币收入和实物收入。对以劳务或其他形式作为报酬抵付房租收入的，应根据当地同类房产的租金水平，确定一个标准租金额，依率计征。如果纳税人对个人出租房屋的租金收入申报不实或不合理，税务部门可采取科学合理的方法核定其应纳税额。

对投资联营的房产，在计征房产税时应予区别对待。对于以房产投资联营，投资者参与投资利润分红，共担风险的，按房产余值作为计税依据计征房产税；以房产投资，收取固定收入，不承担联营风险的，实际是以联营名义取得房产租金，对其应由出租方按租金收入计算缴纳房产税。

对于融资租赁房屋的情况，由于租赁费包括购进房屋的价款、手续费、借款利息等，与一般房屋出租的"租金"内涵不同，且租赁期满后，当承担方偿还最后一笔租赁费时，房屋产权要转移到承租方，这实际上是一种变相的分期付款购买固定资产的形式，所以在计征房产税时应以房产余值计算征收。

四、契税

（一）征税范围和纳税人

1.征税范围

契税以在我国境内发生权属转移的土地和房屋为征税对象。土地权属转移是指土地使用权的转移。土地使用权是指土地使用者依法取得土地上的实际经营权和利用权，在相应的法律规定范围内，对享有的土地占有、使用和部分收益、处分的权利，即具有使用土地主体资格的单位或个人，按照法定程序办理土地使用权的申请、发证等手续，经法律确认具有使用土地的权利。土地使用权的转移包括土地使用权出让和土地使用权转让两种方式。房屋权属转移是指房屋所有权的转移，包括买卖、赠与和交换三种方式。房屋所有权是指房屋所有人对自己的房屋享有的占有、使用、收益和处分的权利，即对房屋的占有权、使用权、收益权、处分权。契税的具体征税范围如下。

（1）国有土地使用权出让

国有土地使用权出让，是指土地使用者向国家交付土地使用权出让费用，国家将国有土地使用权在一定年限内让与土地使用者的行为。具体来讲，就是国家按照土地所有权和土地使用权两权分离的原则，以土地所有者的身份，依法授权省、市、县人民政府，在规定权限内，将国有土地中符合土地利用总体规划、城市规划和年度建设用地计划的土地使用权，在一定年限内让与土地使用者，由土地使用者向国家一次性支付土地使用权出让金的行为。

（2）土地使用权转让

土地使用权转让，是指土地使用者以出售、赠与、交换或者其他方式将土地使用权转移给其他单位和个人的行为，包括国有土地使用权转让和集体土地使用权转让。土地使用权出售，是指土地使用者以土地使用权作为交易条件，取得货币、实物、无形资产或者其他经济利益的行为。土地使用权赠与，是指土地使用者将土地使用权无偿转让给受赠者的行为。土地使用权交换，是指土地使用者之间相互交换土地使用权的行为。土地使用权转让应当签订书面转让合同。土地使用权在规定的使用年限内可以多次转让，但无论转移到哪里，国家与土地使用者的权利义务关系仍是土地出让合同规定的权利义务。土地使用权转让时，其地上建筑物、附属物的所有权应随之转移，并依照规定办理权属变更登记手续。集体土地使用权按国家有关规定转让。

土地使用权转让不包括农村集体土地承包经营权的转移。我国现行法律规定，集体所有的或者国家所有的由农业集体经济组织使用的土地、山岭、草原、荒地、滩涂、水面，可以由个人或者集体承包经营，从事农、林、牧、渔业生产。土地承包经营是在土地使用权属未发生转移的情况下，对土地实行经营、管理的方式。土地使用权是一种对物权，土地承包经营权是一种授权，因而不属于《中华人民共和国契税暂行条例》规定的土地使用权转让范围。

（3）房屋买卖

房屋买卖，是指房屋所有者将其房屋出售，由承受者交付货币、实物、无形资产或者其他经济利益的行为。

（4）房屋赠与

房屋赠与，是指房屋所有者将其房屋无偿转让给受赠者的行为。其中，将自己的房屋转交给他人的法人和自然人，称作房屋赠与人；接受他人房屋的法人和自然人，称为受赠人。房屋赠与的前提必须是，产权无纠纷，赠与人和受赠人双方自愿。由于房屋是不动产，加之价值较大，故法律要求赠与房屋应有书面合同（契约），并到房地产管理机关或农村基层政权机关办理登记过户手续，才能生效。如果房屋赠与行为涉及涉外关系，还须公证处证明和外事部门认证，才能生效。房屋的受赠人要按规定缴纳契税。

（5）房屋交换

房屋交换是指房屋住户、用户、所有人，在双方之间或多方自愿的基础上，相互交换房屋的使用权和所有权。其行为的主体有公民、房地产管理部门及企事业单位、机关团体。交换的标的性质有公房（包括直管房和自管房）、私房，标的种类有住宅、店面及办公用房等。交换行为的内容包括房屋使用权交换和房屋所有权交换。交换房屋使用权的，由于没有发生房屋所有权的转移，不属于契税征税范围。交换房屋所有权的，按房地产管理的相关规定，交换双方须到有关部门办理权属变更登记手续，属于契税征收范围。交换房屋所有权，双方交换价值相等的，免纳契税，办理免征契税手续；其价值不相等的，按超出部分缴纳契税。

（6）土地、房屋权属以下列方式转移的，视同土地使用权转让、房屋买卖或者房屋赠与征收契税

①以土地、房屋权属作价投资、入股。以土地、房屋作投资或作股权转让亦属土地、房屋权属转移，应根据国家房地产管理的有关规定，办理房地产产权交易和产权变更登记手续，由产权承受方缴纳契税。以自有房产作股投入本人经营企业的，由于产权所有人和使用权人未发生变化，不须办理房产变更登记手续，也无须缴纳契税。

②以土地、房屋权属抵债。在经当地政府和有关部门批准，债务人以自有的房屋所有权、土地使用权向债权人抵偿债务时，由于发生了房屋所有权、土地使

用权的转移，因而视同房屋买卖和土地使用权转让征收契税。

③以获奖方式承受土地、房屋权属。以获奖方式承受房屋权属，其实质是接受赠与房屋，应当视同房屋赠与，应由获奖人按规定缴纳契税。

④以预购方式或者预付集资建房款方式承受土地、房屋权属。以预购方式或者预付集资建房款方式承受土地、房屋权属的，应当视同土地使用权转让或者房屋买卖，由土地使用权或者房屋所有权的产权承受人按规定缴纳契税。

土地、房屋权属（指土地使用权、房屋所有权）是否发生变更转移，是确定土地、房屋交易行为是否纳入契税征税范围的标准。凡纳入契税征税范围的土地、房屋交易行为必须同时具备三个条件：一是转移的客体为土地使用权和房屋所有权。二是土地、房屋权属必须转移。首先，土地、房屋发生转移，由一方转给另一方；其次，产权人关系发生变更，由一个产权人变为另一个产权人。三是行为双方有"经济利益"关系。依据上述三个条件，如转让土地、出租房屋，土地、房屋的抵押和土地、房屋的继承不在征税范围之内，不征收契税。非继承人承受遗赠房屋，属于赠与性质，应按赠与行为征收契税。抵押期满，发生权属变更的抵押房屋，也属于契税的征税范围。

2.纳税人

在中华人民共和国境内转移土地、房屋权属，承受的单位和个人为契税的纳税人，具体包括企业单位、事业单位、国家机关、军事单位、社会团体和其他组织，以及个体经营者及其他个人（包括外籍人员）。

此外，土地使用权交换、房屋所有权交换、土地使用权与房屋所有权相互交换，其纳税人为补偿差额部分的一方；以划拨方式取得土地使用权，经批准转让房地产时，其房地产转让者应补缴契税。

（二）计税依据

国有土地使用权出让、土地使用权出售、房屋买卖，这三类权属转让的计税依据为交易的成交价格。成交价格，是指土地、房屋权属转移合同确定的价格，包括承受者应交付的货币、实物、无形资产或者其他经济利益。这样规定的好处在于与城市房地产管理法和有关房地产法规规定的价格申报制度相一致，在现阶段有利于契税的征收管理。

土地使用权赠与、房屋赠与的计税依据由征收机关参照土地使用权出售、房屋买卖的市场价格核定。这是因为土地使用权赠与、房屋赠与属于特殊的转移形式，无货币支付，在计征税额时只能参照市场上同类土地、房屋价格计算应纳税额。

土地使用权交换、房屋交换的计税依据为所交换的土地使用权、房屋的价格的差额。土地使用权交换、房屋交换，其交换价格不相等的，由多交付货币、实物、无形资产或者其他经济利益的一方缴纳税款；交换价格相等的，免征契税。

以划拨方式取得土地使用权的，经批准转让房地产时，应由房地产转让者补缴契税，其计税依据为补缴的土地使用权出让费用或者土地收益。

此外，对于成交价格明显低于市场价格且无正当理由的，或者所交换的土地使用权、房屋的价格差额明显不合理且无正当理由的，由征税机关参照市场价格核定税额，其目的是防止纳税人隐瞒、虚报成交价格。

五、车船税

（一）征税范围

车船税的征税对象为依法应当在车船管理部门登记的车船，具体征税范围包括载客汽车、载货汽车、三轮汽车、低速货车、摩托车和船舶。

1.载客汽车

根据《中华人民共和国车船税暂行条例实施细则》，载客汽车划分为大型客车、中型客车、小型客车和微型客车4个子税目。其中，大型客车是指核定载客人数大于或者等于20人的载客汽车；中型客车是指核定载客人数大于9人且小于20人的载客汽车；小型客车是指核定载客人数小于或者等于9人的载客汽车；微型客车是指发动机气缸总排气量小于或者等于1升的载客汽车。

2.三轮汽车

三轮汽车是指在车辆管理部门登记为三轮汽车或者三轮农用运输车的机动车。

3.低速货车

低速货车是指在车辆管理部门登记为低速货车或者四轮农用运输车的机动车。

4.专项作业车

专项作业车是指装置有专用设备或者器具，用于专项作业的机动车。

5.轮式专用机械车

轮式专用机械车是指具有装卸、挖掘、平整等设备的轮式自行机械车。

6.客货两用车

7.船舶

（二）纳税人

车船税的纳税人为我国境内车辆、船舶的所有人或者管理人。其中，所有人是指在我国境内拥有车船的单位和个人；管理人是指对车船具有管理使用权，但不具有所有权的单位。这里所称的单位包括国有企业、集体企业、私营企业、股份制企业、外商投资企业、外国企业，以及其他企业和事业单位、社会团体、国家机关、军队及其他单位；所称的个人，包括个体工商户及其他个人。此外，车船的所有人或者管理人未缴纳车船税的，使用人应当代为缴纳车船税。

（三）计税依据

车船税实行从量计税的方法。根据车船的种类、性能、构造和使用情况，分别选择了三种单位的计税标准，即辆、自重吨位和净吨位。载客汽车（包括电车）、摩托车，以辆为计税依据。载货汽车（包括半挂牵引车、挂车）、三轮汽车、低速货车、专项作业车和轮式专用机械车、客货两用汽车以自重吨位为计税依据，其中自重是指机动车的整备质量。船舶以净吨位为计税依据。

车辆自重尾数在0.5吨以下（含0.5吨）的，按照0.5吨计算；超过0.5吨的，按照1吨计算。船舶净吨位尾数在0.5吨以下（含0.5吨）的，不予计算；超过0.5吨的，按照1吨计算。1吨以下的小型车船，一律按照1吨计算。拖船按照发动机功率每2马力折合净吨位1吨计算征收车船税。

六、车辆购置税

（一）征税范围

车辆购置税的征收范围包括汽车、摩托车、电车、挂车、农用运输车。其中，汽车包括各类汽车；摩托车包括轻便摩托车、二轮摩托车和三轮摩托车；电车包括无轨电车和有轨电车；挂车包括全挂车和半挂车；农用运输车包括三轮农用运输车和四轮农用运输车。

（二）纳税人

在中华人民共和国境内购置应税车辆的单位和个人，为车辆购置税的纳税人。这里所称的购置，包括购买、进口、自产、受赠、获奖或者以其他方式取得并自用应税车辆的行为；所称的单位，包括国有企业、集体企业、私营企业、股份制企业、外商投资企业、外国企业，以及其他企业和事业单位、社会团体、国家机关、部队及其他单位；所称的个人，包括个体工商户以及其他个人。

（三）计税依据

车辆购置税的计税依据是车辆的计税价格。车辆购置税的计税价格根据不同情况，按照下列规定确定：

第一，纳税人购买自用的应税车辆的计税价格，为纳税人购买应税车辆而支付给销售者的全部价款和价外费用，不包括增值税税款。这里所称的价外费用，是指销售方价外向购买方收取的基金、集资费、返还利润、补贴、违约金（延期付款利息）和手续费、包装费、储存费、优质费、运输装卸费、保管费、代收款项、代垫款项，以及其他各种性质的价外收费。

第二，纳税人进口自用的应税车辆的计税价格的计算公式为：计税价格＝关税完税价格＋关税＋消费税。

第三，纳税人自产、受赠、获奖或者以其他方式取得并自用的应税车辆的计税价格，由主管税务机关参照国家税务总局规定的最低计税价格核定。最低计税价格是指国家税务总局依据车辆生产企业提供的车辆价格信息，参照市场平均交易价格核定的车辆购置税计税价格。

第四，纳税人购买自用或者进口自用应税车辆，申报的计税价格低于同类型应税车辆的最低计税价格，又无正当理由的，按照最低计税价格征收车辆购置税。

第五，底盘发生更换的车辆，计税依据为最新核发的同类型车辆最低计税价格的70%。同类型车辆是指同国别、同排量、同车长、同吨位、配置近似等。

第六，免税、减税条件消失的车辆，其最低计税价格的计算公式为：

$$最低计税价格=同类型最低计税价格 \times [1-（已使用年限 \div 规定使用年限）] \times 100\%$$

其中，规定使用年限为：国产车辆按10年计算；进口车辆按15年计算。超过使用年限的车辆，不再征收车辆购置税。

第七，对国家税务总局未核定最低计税价格的车辆，纳税人申报的计税价格低于同类型应税车辆最低计税价格，又无正当理由的，主管税务机关可比照已核定的同类型车辆最低计税价格征税。同类型车辆由主管税务机关确定，并报上级税务机关备案。

第八，进口旧车、因不可抗力因素导致受损的车辆、库存超过3年的车辆、行驶8万公里以上的试验车辆、国家税务总局规定的其他车辆，凡纳税人能出具有效证明的，计税依据为其提供的统一发票或有效凭证注明的价格。

纳税人以外汇结算应税车辆价款的，按照申报纳税之日中国人民银行公布的人民币基准汇价，折合成人民币计算应纳税额。

另外，由于关于财产课税的税率、减税免税等政策更新较快，这里不再介绍，有兴趣的读者可查阅相关资料来参考学习。

第七章　税收风险管理

第一节　税收风险管理概述

一、税收风险

（一）税收风险的定义

税收风险属于社会公共风险的范畴，有广义与狭义之分。广义的税收风险，是指国家在税收征管活动过程中，由于社会经济环境、税收制度、税收管理及纳税人不遵从等各种不确定因素的影响，导致税收流失的可能性与不确定性。狭义的税收风险，即税收遵从风险，是指在税收管理中，对实现税法遵从目标产生负面影响的可能性，其表现为税收流失的不确定性或税收应收预期与实际征收结果的偏离。通常所说的税收风险是指的税收遵从风险，亦即狭义的税收风险概念。

（二）税收风险的特征

税收风险既具有风险的一般特征，如客观性和普遍性、不确定性、相关性、损失性、预期性和可测性，也具有政治性、综合性及传导性等特有的特征。

1.税收风险的一般特征

由于政策制度、时间安排等诸多主客观因素的限制，政府履行公共职能难以与征收的税收完全对等，因此，税收风险是不可避免的，只要政府不能完全有效地履行公共服务职责，纳税人付出的成本与收益就无法平衡，税收风险也会随着税收的存在而存在。对于纳税人而言，税收是其成本的一部分，为了实现自身经济利益最大化，理性的企业和个人会对税收进行合理规避以达到减轻自身税负的目的，使得纳税申报制度不能有效执行，导致税收风险存在不确定性并对政府财政收入带来损失。申报应纳税款的多少取决于纳税人的遵从选择、税务筹划水平及相关的税收政策制度的完善程度等因素，不同纳税人的税收风险程度各不相同，由此产生的实际税收收入偏离预期税收收入的程度也不同。

税务部门无法消灭税收风险，但能预测税收风险发生概率和可能造成的损失，通过经济、政治和必要的政策制度等手段控制税收风险，将其不利影响控制在可接受范围内。

2.税收风险的特有特征

（1）税收风险的政治性

税收是政府为实现或履行职能而向广大纳税人筹集的资金，因此税收风险必然带有政治性。与一般领域的风险不同，税收风险难以通过市场标准来衡量，只有税务部门知晓纳税征收的期望程度与实现程度，社会及市场上并没有明确的标准来衡量和计算遵从率及税收风险。

（2）税收风险的综合性

税收风险存在于税收征管的各个环节，任何一个环节的疏忽都可能增加税收风险，并且对每一个环节中的具体风险而言，又是由税收征管活动的有效性、纳税人遵从度等诸多不同因素构成的，因此税收风险是多因素综合的结果。

（3）税收风险的传导性

由于税收活动涉及社会经济的方方面面，税收风险与社会经济紧密相连，在某个个体出现的税收风险可能传导至整个地区、整个行业，进而影响社会经济的方面，甚至整个经济体系的发展，可能会影响某政府财政的正常运行。此外，纳税人的税收遵从风险一旦得到确认，不仅要接受补缴税款和滞纳金的经济处罚，还会在信用贷款、政府支持、税收优惠和社会舆论等多方面受到影响。

（三）税收风险的分类

根据不同的分类标准，对纳税人表现出来的不遵从行为可以分成不同种类。基于税务机关征管的角度，对于税收流失风险的分类，可以从纳税人和税务机关两个层面进行分类，即纳税遵从风险与税收征管风险。

1.纳税遵从风险

纳税遵从风险是指纳税人因规避纳税义务，或者没有正确、充分执行税收政策而导致其经济利用、社会信用等方面遭受损失的可能性。影响纳税人税收遵从的因素至少有社会因素、企业概况、行业特征、经济因素、心理因素等多种因素综合影响的结果，这些因素的整体影响，导致纳税人对税收遵从的态度形成不同的纳税遵从态度的等级分类，即积极自愿遵从、努力尝试遵从、抵制不遵从、决定不遵从。积极自愿遵从、努力尝试遵从这两种属于遵从范畴，而抵制不遵从、决定不遵从属于不遵从范畴。根据我国当前税收风险管理的现状，对纳税遵从态度进行合理分类，为实施科学的税收风险管理提供依据。

（1）积极自愿遵从

这类纳税人的税法意识最强，持有这种态度的纳税人，他们非常愿意遵从税收法律法规规定的义务，愿意支持税务部门的监管体系，积极接受税法及税务机关的要求。这类纳税人相信税法的公正性，认为税收体系是合理的、税务机关是合法的，纳税人缴纳税收的同时，也享受到政府提供的服务。

（2）努力尝试遵从

这类纳税人对纳税的态度属于基本愿意遵从，但是在遵从的过程中由于理解和履行纳税义务时存在困难或出现偏差，导致不能及时、准确、全面地履行纳税义务而出现疏漏，在税收征管实践中，确实存在纳税人主观上无不缴、少缴税款的意愿，但实际上由于不懂税法或者没有很好地掌握税法导致非故意的少报、漏报税款。这些纳税人主观上没有逃避缴纳税收的企图，他们也期望与税务机关建立信任、合作的关系。

（3）抵制不遵从

这类纳税人对纳税相关的事务有抵触情绪，包括对政府管理不满意，对政府提供的服务不满意，对税收制度与政策制定不满意，对税务部门的监管不认同，对税务部门提供的纳税服务不满意，对自身的权利实现缺乏保障不满意，等等。这些纳税人主观上有意识地逃避纳税，但是税务机关如能够加强税收监管并做好宣传辅导，他们会选择遵从。

（4）决定不遵从

这类纳税人是对纳税相关事务完全不配合，持有这种态度的纳税人目的就是逃避纳税，逃避税务机关的监管，他们对政府征税十分抵触，对税务部门征税合法性质疑。这种风险主要是因为税务机构税收监管力度不足、社会压力不够，对纳税人不遵从行为没有形成强大的威慑与打击，其典型的表现为故意偷税、抗税、骗税及恶意欠缴税款。

2.税收征管风险

税收征管风险，是指税务机关和税务人员在执行税法时，因主观或客观因素造成税收征管的不确定性，其结果是造成税收的流失。从税务机关税收征管的角度看，具体存在以下四种风险。

（1）税源监控管理风险

经济决定税源，税源直接影响税收。税源转变成为税收的程度与税务机关的监控能力具有密切的联系，税源监管能力强，其转化为税收的程度就高；反之，税源监管能力弱，其转化为税收的程度就低，税收流失可能性就高。从现实情况看，税务机关的税源监控能力还存在诸多的掣肘，比如征纳信息的不对称、税收管理理念和制度的不科学、税务人员的素质不高等，税源监控的能力有待加强。

（2）税收执法过错风险

税收执法风险，是指税务机关及工作人员在执行税法过程中，由于执法不作为或执法不规范，侵犯了国家或税务管理相对人的合法权益，从而引发需要承担相应法律后果的风险。从当前征管实际看，由于外部执法环境，如地方保护主义、政府干预等影响税务机关执法；从税务机关自身看，执法风险意识不强、管理制度流程缺陷、人员能力素质不高等都是引起执法风险的因素。

（3）纳税服务风险

随着建设公共服务型政府力度的加大，纳税服务工作越发得到税务部门的重视，纳税服务与税收征管已经成为税收核心工作。纳税服务的理念、体系、方法、手段不断改进，纳税人满意度总体得到有效提高，但也应该看到当前纳税服务还不能满足纳税人多元化、个性化的需求，存在追求表面现象不重视效果的"被服务"现象，低水平、浅层次的纳税服务有待改进，纳税服务与税收征管还没有真正融合。

（4）税收安全风险

税收安全风险，是指税务机关在征税过程中，因经济发展、社会环境、国际政治、科学技术等因素造成税收收入持续稳定增长的不确定性。从经济发展与社会环境看，金融危机、自然灾害等都会对经济主体造成严重影响；从国际政治看，经济制裁、贸易壁垒甚至战争都会通过经济影响税收；从科学技术看，随着信息化建设不断深入，税收征管数据集中程度越来越高，数据分析利用能力大大增强，但与此同时，税收数据安全面临的风险也大为增加。

（四）税收风险的成因

税收风险是政治、经济及环境等多方面因素共同作用的结果，研究税收风险的形成原因对于税收风险的识别至关重要。根据相关税收理论，结合我国税收实践，可以将税收风险的成因归结为如下三方面。

1.政策和制度因素

税收是政府部门为了筹集财政收入而组织的一项强制性、无偿性和固定性的活动，当纳税人的付出与政府提供的公共服务不对等时，税收的这三个特性使得税收风险不可避免，政府部门必须制定相应的政策、法律和规章制度来规范税收活动。因此，一定程度上，税收风险受制于国家的税收政策和法律制度。制度因素主要体现在三个方面：税收制度、纳税回报和税收法制。

（1）税收制度

亚当·斯密在《国富论》中提出了著名的税制四原则：税收公平、税收确定、税收便利和税收经济。其中税收公平原则占据了首要位置，而长期的税收实践也表明，税收制度的不公平和不合理容易导致纳税人的不满甚至产生对立情绪。税制公平合理主要体现在以下两方面。

第一，税率和税负公平合理。税率和税负是否公平合理，是影响纳税遵从度的重要因素。在我国的税收实践中，由于户籍、地域、所有制等的差异存在税率和税负不均衡的现象，带来了潜在的税收风险。

第二，纳税程序公正透明。税务机关在征管过程中程序的不透明、不公开、不公正或者对税收违法行为的处罚自由裁量权不统一等，都会造成纳税人产生抵触情绪，加剧征纳双方的紧张关系，进而影响纳税人遵从度的提高。

（2）纳税回报

税收的三个特性之一的无偿性是指政府获得税收收入后不再直接归还纳税人，也不需要向纳税人支付任何报酬，但并不意味着没有间接的回报。在税收征纳双方关系中，纳税人以向政府缴纳税款换取政府为其提供公共服务和公共产品，二者之间是一种契约型的交换关系，纳税人通过缴纳税款来享受政府提供的公共产品。然而，公共产品的非排他性使得这种交换关系对于社会中的每一个个体而言很难完全等价，当缴纳税款较多的纳税人感觉自己与缴纳税款较少的纳税人同等享有公共产品时，就会产生"不公平"感，当遵从度高的纳税人并没有享受到更优质的社会服务，就会导致心理失衡。此外，如果政府对财政收入的使用不公开透明，或者财政支出违背纳税人的意愿等都会让纳税人觉得政府违背了公共财政契约，从而降低纳税遵从度。

（3）税收法制

税收法制这一因素包含了税收立法、执法、司法和监督四个方面。

第一，在立法层面，税收法律法规是国家和政府取得税收收入的保障。税收法律法规越健全越完善，税收执行的实际结果偏离预期结果的程度越低，税收风险就越小。然而，事实上我国目前的税收制度尚有不完善之处，主要表现为税收法律体系的不完善、税制设计不合理、程序法中有关规定不够严密等问题。在我国现行税收法律体系中，税收法律只有《税收征管法》《企业所得税法》《个人所得税法》及《车船税法》四部法律，其余税务部门执行的为国务院制定的行政法规、财政部和国家税务总局、海关制定的部门规章，以及其他各级税务机关指定的税收规范性文件，法律层级较低，刚性不足；当前实施的集中征管的税收征管模式，未能明确纳税人自主申报的主体责任及促进税法遵从的根本宗旨，征纳双方权责不清，某些法律条款界定不明确使得可操作性不强，从而为纳税人不遵从行为创造了条件。此外，由于我国正处于经济变革阶段，税收相关政策制度都在不断变化和完善中，法律的不稳定也增加了税收风险。

第二，在执法层面，目前实务中仍然存在依据不明、主体不清、程序不透明、处罚不公正和文书不规范等问题，越权执法和滥用执法自由裁量权的案例屡见不鲜。同时，还存在税务官员不作为及"人情税"等现象。

第三，在配套机制层面，与政策制度配套的监督机制的设立情况同样蕴藏着税收风险。具体地，比如纳税人在缴纳税款后如果无法监督税款的征收及使用情况或者这种监督机制不作为，就会影响公平性的实现，进而形成税收风险；再如，即便税法体系完整而执法机制不健全、奖惩机制不到位，使得纳税主体的遵从行为得不到合理的补偿，或者不遵从行为得不到应有的惩罚的话，税收风险就会产生。

2.经济因素

（1）经济周期因素

根据经济周期理论，社会经济处于周期性运动过程中，当经济处于上升时期时，所有企业的预期收益都会提高，而税务机关也会逐渐放松对纳税活动的监管，甚至提供更多的优惠纳税条件，为纳税人提供相对宽松的纳税环境。而纳税人处于追求自身利益最大化和竞争压力较大的环境中，往往会利用宽松的纳税政策逃避纳税义务，潜在的税收风险逐渐积累成型。

（2）信息不对称

税收本质是对私人利益的让渡，从趋利的角度看，纳税人不会心甘情愿地遵从税法，会以自身利益最大化为目标尽量减轻税负，而税务部门总是以尽可能少的征税成本实现税收收入的最大化，由此形成了征纳双方的博弈。在这一税收博弈中，双方处于不同的地位，税务部门是政策制定者和权力拥有者，掌握着更多的税收信息，而纳税人拥有掌握自身实际运营方面的信息，税务部门无法获得纳税人的真实信息，双方信息不对称导致道德风险和逆向选择，以谋求自身利益最大化。一方面，对于理性的纳税人来说，是否诚实纳税取决于寻租的成本和收益，当偷逃税款的边际收益大于边际成本时，会选择不缴税，或者通过税收筹划转移税负；另一方面，税务部门可能会利用权力优势不作为以谋求私利。当税务人员渎职的收益大于风险时，他们可能选择不认真对待工作，同时他们也可能凭借对政策的熟悉，利用政策漏洞为自己谋利或产生寻租行为。

税收遵从成本是指纳税人在纳税活动中为承担纳税义务而付出的成本，从税收实践来看，遵从成本主要包括货币成本、时间成本、心理成本和税收筹划成本等。货币成本是指纳税人在纳税过程中的直接货币支出；时间成本是指纳税人为各种纳税事宜所花时间的价值；心理成本是指纳税人认为自己的纳税行为没有得到相应报酬而产生的不满情绪或者担心误解税收规定可能会遭受处罚而产生的焦虑情绪；税收筹划成本是指纳税人为了在不违法的情况下尽量减小自己的纳税义务而组织人力进行税收规划付出的代价。此外，税制自身与生俱来的复杂性和专业性，导致纳税人直观地理解及遵从税法不容易。因此，法律法规的复杂可能降低纳税人的税法遵从水平。当纳税人认为税收不遵从行为所带来的潜在法律风险和声誉风险等成本小于上述遵从成本，则会选不遵从，从而带来税收风险。

企业管理因素。税法遵从需要纳税人具有良好的财务核算能力、税法理解能力和内部控制。税收风险与经营风险、法律风险、财务风险等都是构成纳税人风险的重要组成部分，重大税收风险甚至可能会影响企业正常经营，更有甚者会使企业难以生存下去，发生倒闭。一方面由于决策、管理层缺乏诚信纳税的意识及足够的风险意识，少数纳税人还存在偷逃税收的侥幸心理；另一方面，如果财会人员职业道德和职业操守等制度约束不健全、不完善、不到位，会计信息失真的问题比较普遍、财务舞弊行为不时产生，也会带来较大税收风险。由于税收政策规定贯穿于企业投资决策、生产经营、利润分配及重组改制、合并分立等企业生产、经营活动中，企业需要建立完善的内部控制机制来防范和发现包括税收风险在内的各类风险。而目前大多数企业尚未建立内部税务风险防控体系，没有将企业的经营活动与税收管理行为进行有效融合，缺乏系统控制、防范和化解税收风险的机制与能力。

3.税收环境

税收环境因素包括国内环境、国际环境及意外情形下的环境。首先，国内税收环境好坏的一个重要判断标准是公民纳税意识的强弱。发达国家税收遵从率较高的一个重要因素是公民的纳税意识较强。所谓纳税意识，就是纳税人主观上对纳税义务的认可程度，如果纳税人不接受纳税义务，则在客观上表现为采取一定行动逃避纳税义务。其次，国际间为了争夺税源形成的税负差异在一定程度上给纳税人提供了避税机会，增大了税收风险。最后，意外事件，如自然灾害等无法预见的情形有可能改变征纳双方的态度，造成应纳税额和实纳税额的差异。

二、税收风险管理概念

现代税收风险管理确立的税务机关努力的目标是提高纳税遵从度，因此税收风险体现在税收风险管理中，就是那些对提高纳税遵从度有负面影响及可能带来税收流失的各种可能性与不确定性。从而，税收风险可以从两个方面度量：一是税收风险的可能性，即纳税人带来税收收入流失的不遵从行为发生的概率；二是税收风险带来的损失程度，即发生纳税不遵从行为导致的税收收入流失的额度。

税收风险管理要求税务机关以风险为导向，识别出导致纳税不遵从行为的潜在因素，并制定相应的应对办法，减少甚至消除不遵从行为，最终实现提高税收遵从度，提高税收收入的组织目标。

三、税收管理中引入风险管理的必要性

20世纪70年代以来，新公共管理运动在西方发达国家兴起，税务部门不断

改进税收征管策略，在征管手段上广泛应用信息技术加强涉税信息采集、利用，在机构设置上强调集约化、扁平化及机关实体化运作，对有限的资源进行合理配置和运用，以最小的税收征收成本获取最大收益，即税收流失率降到最低，实现税收风险降低和纳税遵从度的提升。因此，将风险管理和税收管理等管理科学理论相融合，在税收管理中引入风险管理成为税务部门必然选择。按照风险管理的基本方法，建立税收风险应对机制，对不同风险的纳税人实施差异化的管理措施，将有限的征管资源优先用于高风险的管理对象，可以进一步增强税源管理的科学性、针对性与实效性。

经过多年的市场经济发展，我国经济规模不断增长，经济面貌不断多样化，税务机关面临的征管局面日益复杂，原有的户管员划片管户、以人盯人、以票管税、保姆式服务等管理方法，依靠个体经验方式来收集信息、判断情况、实施管理，管理的质量和水平就无法提高，税源控管能力不足的问题将不断显现，不但不能很好地解决纳税人遵从问题，而且会使税务机关与税务人员的执法风险与日俱增。具体表现如下。

（一）传统税收管理方式不适合新形势的需求

传统的税收管理模式基本上是采用人海战术，由税收管理员"人管户"的方式进行属地管户，但这种粗放的税源管理方式已难以适应新形势的要求。

一方面，随着经济全球化和我国社会主义市场经济的发展，劳动力、资本、技术等生产要素以空前的广度、强度和速度跨地区、跨国界扩张转移，经济规模和经济结构快速发展变化。作为市场主体的纳税人数量、组织结构、经营与核算方式发生了重大变化。经济的跨国化和与税收管理的属国化、经济活动的跨区域化与税源管理的属地化之间的矛盾日益突出，尤其是传统的税收管理员属地划片管户的税源管理方式，已难以适应经济形势的变化。在各地税务机关各自的征管范围之内，都有一些集团公司，其下属的分支机构或集团成员企业分布在各县、市、区，有的分布到其他省份，甚至是国外；同样，税务机关也管理着一些分支机构或集团成员企业，其总机构又在外地、外省甚至在境外，从征管的现实角度看，存在通常所说的看得见的管不着、管得着的看不见的问题。

另一方面，智慧地球、互联网、物联网、云计算等发展掀起新一轮信息技术革命，深刻影响着人类的生产生活方式。企业经营和管理电子化、智能化趋势日益明显，规模庞大、结构复杂的金融电子交易和电子商务不断增长。而传统的人海战术、以票控税等管理手段已难以适应信息社会迅猛发展的现实。虽然税收征管数据已逐步实现总局、省局集中，信息技术也提供了高效处理信息的手段；但是相当一部分基层税收管理员仍依靠个体、手工等传统方式实施税源管理，信息应用水平较低。与之相对，纳税人，尤其是大型企业集团，却是高度的电子化，从管理、控制到财务、会计，甚至仓储、物流等都是通过信息系统实行团队化的专业处理。显然，只依靠各地基层税务人员对纳税人进行保姆式的管理和服务是不够的。

（二）征纳双方信息不对称现象日益突出

在社会政治、经济等活动中，一些成员拥有其他成员无法拥有的信息，由此造成信息不对称。税务机关和纳税人之间的信息不对称表现在两个方面。一是税务机关对税源监控乏力。纳税人了解自己的生产经营以及核算情况，知道自己的纳税能力，而税务机关相对于纳税人来说却是局外人，对纳税人的生产经营、会计核算信息知之不多。由于生产经营方式的多样性、银行结算方式的失控及发票管理存在大量漏洞等多种因素，税务机关仅通过日常申报、下户巡查，无法完全掌握纳税人真实的生产经营情况和财务核算情况。有些不法分子正好利用这个便利条件进行多头核算、现金交易、账外经营，随意转移、隐藏收入，偷逃国家税款。二是纳税人对税收政策难以掌握。由于我国正处在经济社会高速变革发展的过程中，税收制度、税收政策变动也很频繁，而部分纳税人纳税能力相对较低，对税法、税收政策不能完全理解甚至根本不懂，加大了纳税人的纳税风险。大量的征管实践显示，一些纳税人不懂法、不守法的问题，常常是导致征纳双方之间出现摩擦或碰撞的主要原因。

（三）税务机关的资源难以满足征管工作的要求

当前税收征管中，纳税人数量激增，而基层税务机关工作人员数量却没有相应增加，大多数税源管理工作人员都感到任务较重，大部分时间都用于应付日常管理，对税源管理的深入分析和思考则显得力不从心，因此采取的管理措施也没有针对性。随着经济的发展，有限的征管资源与纳税人数量日益增加的矛盾越来越突出，靠增加人力资源来加强税源管理已无可能性。另外，随着我国税收改革不断深化，对税务机关人员的素质要求越来越高，而现有税务人员的能力远远不能满足征管工作的高要求。传统的全面撒网、不分轻重的"牧羊式"管理方式对税源的控管缺乏针对性，造成税务机关资源的浪费。因此，将稀缺的资源进行优化配置，提高纳税遵从度，只有通过税收风险管理才能够解决。

（四）纳税成本居高不下

降低税收成本是税收管理的重要原则，国际货币基金组织提出了良好税制的五个特征：经济效率、管理简化、富有弹性、政治透明度高和公平。其中经济效率、管理简化和公平三个特征是最传统、最基本的优化税制要求。

（五）"放管服"改革对税务机关提出了新要求

以简政放权、放管结合、优化服务为主要内容的政府职能转变是一场从理念到体制的深刻变革，是我国政府的自我革命。"放"，政府下放行政权，减少没有法律依据和法律授权的行政权；理清多个部门重复管理的行政权。"管"，政府部门创新和加强监管职能，利用新技术新体制加强监管体制创新。"服"，转变政府职能减少政府对市场进行干预，将市场的事推向市场来决定，减少对市场主体过多的行政审批等行为，降低市场主体的市场运行的行政成本，促进市场主体的活力和创新能力。

"放管服"改革要求税务机关转变旧有的征管方式，以推行纳税人自主申报纳税、提供优质便捷办税服务为前提，以分类分级管理为基础，以税收风险管理为导向，以现代信息技术为依托，推进税收征管体制、机制和制度创新。这就要求税务机关建立有效的税收风险管理机制，对纳税人加强税法遵从度分析，应对税收流失风险，堵塞征管漏洞，对税务人加强征管努力度评价，防范执法和廉政风险，提高征管效能。适应"放管服"改革，需要对税源管理环节进行调整，变注重事前管理为科学细化事中、事后管理，也就是增强税收后续管理的及时性和针对性，研究税收管理资源如何围绕放在事中和事后两个环节开展工作。通过合理运用风险管理工具、深入分析、及时识别、有效应对、适时控制税收活动的各种风险因素就成为加强税收后续管理的必要和必须。

新的税收环境要求税收管理转向以税收风险管理为导向的管理方式，"风险导向"主要表现在以下四方面。

1.确立税收管理的"风险导向"

就是明确"管理就是管理风险"的理念。在纳税征管的全过程中，自始至终关注风险，坚定执行风险管理的流程，把风险控制在可接受范围内。以风险管理为核心，全方位整合各项管理内容与各个管理体系，防止出现风险管理的死角。为此，要在组织内部培育健康的风险意识，通过沟通使所有利益相关人统一风险语言。只有明确管理是管理风险的理念，才能把税务机关从纳税人管理的狭隘眼界中解放出来。

2.确立税收管理的"风险导向"

就是明确以风险评估为依据的决策原则。以风险的评估为依据，不仅是要求风险评估成为决策过程的一部分，而且更是要求风险评估的结果作为决策的依据。这就明确了决策过程中风险评估的目的和标准，避免了决策过程中风险评估的形式化和劣质化倾向。虽然现在税收征管改革过程中风险评估结果与实际稽查结果有差距，但是税收风险评估是一个不断修正、循环往复的流程，不能因为初期产生的偏差就将风险评估过程流于形式。

3.确立税收管理的"风险导向"

就是明确在组织架构、组织职能、流程确立和资源配置方面要满足风险管理的需要。现在的市场环境中，风险无处不在，瞬息万变，风险管理的需要是推动组织变革和业务模式转型的最根本的动力。要克服不利于管理风险的任何障碍，做到所有风险都有人负责管理，每一个人都负责管理风险，使组织始终处于应对风险的最佳状态。

4.确立税收管理的"风险导向"

就是明确不单纯以业绩结果评价管理的得失，即不以成败论英雄，而是把业绩的结果和业务操作过程中的风险结合起来综合评价管理。组织的生命的重要性应当超过任何阶段性的具体结果，因此在绩效考核时不仅要看到阶段性的业绩，还要考虑组织为取得业绩承担的风险。

四、在税收管理中开展风险管理的可行性

（一）中央深改方案的方向引领

中央印发的《深化国税、地税征管体制改革方案》（以下简称《方案》）

提出了依法治税、便民办税、科学效能、协同共治、有序推进的改革原则，其中科学效能原则具体是指"以防范税收风险为导向，依托现代信息技术，转变税收征管方式，优化征管资源配置，加快税收征管科学化、信息化、国际化进程，提高税收征管质量和效率"。并就如何落实简政放权、放管结合、优化服务的要求，转变税收征管方式，提高税收征管效能，切实加强事中事后管理，对纳税人实施分类分级管理，提升大企业税收管理层级，建立自然人税收管理体系，加快税收信息系统建设，推进涉税信息共享等与税收风险管理有关的内容提出指导性意见。

《方案》描绘了构建科学严密税收征管体系的宏伟蓝图，为推进税收治理现代化指明了道路。以税收征管信息化平台为依托、以风险管理为导向、以分类分级管理为基础，推进征管资源合理有效配置，实现外部纳税遵从风险分级可控、内部主观努力程度量化可考的现代税收征管方式，是税收征管体制改革的方向。

（二）信息化建设提供的技术支撑

近些年，各地税务机关的信息化水平不断提高，相当多省份在前些年实现了税收数据的省级大集中，为税务机关开展税收数据治理和大数据应用积累了经验。近年成功上线的金税三期税收管理系统，具有全国应用大集中、国地税统一版本、数据标准统一规范等特点，为实现全国统一执法、统一征管数据监控、统一纳税服务、统一管理决策奠定了坚实基础。与此同时，政府部门间信息交换机制和互联网涉税信息采集技术都得到了长足发展，这些都使得税务机关能够以大数据应用为手段，开展税收风险管理。

（三）国际先进经验的借鉴

如美国最早在税务审计中引入税收风险管理。美国的税务审计人员在对中小企业的税务审计中，充分运用现代信息技术，对风险识别、风险评估、风险处理和风险反馈等方法进行量化管理，及时查找和发现纳税人的风险，并利用各种模型对风险等级高低进行评定，从中找出最需要实施税务审计的纳税人，以及审计事项、内容或重点。这种行之有效的方法，后来逐步扩大应用到大企业的税务审计中。

经济合作与发展组织（OCED）和欧盟委员会（EU）对税收风险管理的概念

内涵、影响因素、方法程序等进行理论化与系统化的归纳与总结，形成税收风险管理相关工作指引，是将风险管理的一般原理应用到整个税收管理中去，以此来改善稀缺资源的合理配置，实现最优化的税收遵从战略，推动了税收风险管理的发展。目前在OECD国家中，已有超过2/3实行了税收风险管理，并取得了很好的成效。我国经济体系也在不断地与国际接轨，因此，我国完全可以在税收管理中引入税收风险管理体系，实行以风险管理为导向的税收征管工作。

五、税收风险管理体系

为实现税收风险管理的目标和规划，需要建立起有效的税收风险管理体系，在组织构架、岗位职责和人力资源等方面做出合理的安排。税务机关因地制宜，统筹安排管理资源，按照统分结合、分类分级应对的原则，合理划分各层级和各部门在税收风险管理工作中的职责，形成纵向联动、横向互动的工作机制，做到职责清晰、分工明确、运行顺畅。

（一）明确组织架构

明确国家税务总局、基层税务机关及在两者之间层级税务机关间的职责划分。国税总局负责指导全国范围内的税收风险管理工作，组织制订税收风险管理战略规划、制定税收风险管理工作规程、制定税收风险过程监控和效果评价标准并实施监控与评价、组织开展特定领域的税收风险分析和应对任务推送。省税务机关制订本地税收风险管理战略规划和年度计划，开展风险分析，建立税收风险管理模型和指标体系，形成本地风险特征库，并对风险纳税人进行等级排序，推送应对任务并实施过程监控及效果评价。市、县税务机关重点做好税收风险应对工作，必要时，也可以组织开展风险分析识别工作。

（二）明确岗位职责

明确各层级税收风险管理领导小组及其办公室的职责，按照横向互动、纵向联动的原则建立起其与各业务部门、上下级单位间的衔接、协调机制。建立税收风险快速响应机制、风险协作机制，有效开展风险分析，整合风险应对任务，统筹组织风险应对，强化国地税风险管理信息互通、管理互助和协同应对。

（三）配置人力资源

明确风险规划岗、风险分析岗、风险应对处置岗、监控及评价岗等不同岗位不同的人力资源配置要求、后续培养规划等，使税收风险管理能够顺畅、有效运行。进一步加大各类管理人才的培养力度，充分发挥税收风险管理领军人才和专业人才库人才的引领作用，为有效实施税收风险管理奠定人力资源基础。

六、税收风险管理基本流程

税收风险管理的基本流程包括目标规划、信息收集、风险识别、等级排序、风险应对、过程监控和评价反馈，以及通过评价成果应用于规划目标的修订校正，从而形成良性互动、持续改进的管理闭环。

（一）目标规划

结合税收形势和外部环境，确定税收风险管理工作重点、工作措施和实施步骤，形成系统性、全局性的战略规划和年度计划，统领和指导税收风险管理工作。

（二）信息收集

落实信息管税的工作思路，挖掘和利用内外部涉税信息，作为税收风险管理工作的基础。收集的涉税信息包括宏观经济信息、第三方涉税信息、企业财务信息、生产经营信息、纳税申报信息等不同来源、不同形式的信息。税务机关建立企业基础信息库，并定期予以更新。对于集团性大企业，还要注重收集集团总部信息。

（三）风险识别

建立覆盖税收征管全流程、各环节、各税种、各行业的风险识别指标体系、风险特征库和分析模型等风险分析工具。统筹安排风险识别工作，运用风险分析工具，对纳税人的涉税信息进行扫描、分析和识别，找出容易发生风险的领域、环节或纳税人群体，为税收风险管理提供精准指向和具体对象。

（四）等级排序

根据风险识别结果，建立风险纳税人库，按纳税人归集风险点，综合评定纳税人的风险分值，并进行等级排序，确定每个纳税人的风险等级。结合征管资源和专业人员的配置情况，按照风险等级由高到低合理确定须采取措施的应对任务数量。

（五）风险应对

按纳税人区域、规模和特定事项等要素，合理确定风险应对层级和承办部门。在风险应对过程中，可采取风险提醒、纳税评估、税务审计、反避税调查、税务稽查等差异化应对手段。

（六）过程监控及评价反馈

对税收风险管理全过程实施有效监控，建立健全考核评价机制，及时监控和通报各环节的运行情况，并对风险识别的科学性和针对性、风险等级排序的准确性、风险应对措施的有效性等进行效果评价。加强对过程监控和评价结果的应用，优化识别指标和模型，完善管理措施，提出政策调整建议，实现持续改进。

第二节　税收风险识别管理

一、税收风险识别概述

税收风险识别是指围绕税收风险管理目标，应用科学合理的方法、模型及指标体系，对涉税数据进行分析加工，判断其类型，形成并存储风险点的过程，主要包括数据整备、指标模型管理、加工产生风险点三个部分。

（一）税收风险识别定义

风险识别是指管理人员利用有关的知识和一定的方法就经济单位和个人面临的风险加以判断发现风险因素的过程。风险识别实际上就是收集有关风险因素、风险事故等方面的信息，发现导致潜在损失的因素。

根据税收风险管理理论，税收风险识别是整个税收风险管理流程的第一个环节，在这一环节，需要确定税务部门面临的所有可能的风险来源，以及这些风险对税收收入的影响程度。因此，税收风险识别就是围绕税收风险管理的目标，依据所掌握的涉税信息数据，运用相关学科的原理及定性与定量相结合的方法对潜在的税收风险进行分析，寻找税收风险点，并评估纳税遵从风险及税款流失的严重程度，以便在此基础上提出应对风险的方案。

根据以上定义，税收风险识别的目的包括两个方面：

其一是要从错综复杂的纳税环境中辨别出税收风险发生的源头、方向和具体目标，明确所面临的主要风险行业、风险区域、风险纳税人及具体的风险点。

其二是对税收风险发生的概率及潜在的税收流失的严重程度进行定性和定量的估计与预测，使得税务人员充分了解每种税收风险的潜在损失，进而有助于对各种风险分情况应对，提高应对效率。

（二）税收风险识别作用

税收风险识别是税收风险管理工作的基础，在整个税收风险管理工作中具有重要作用，主要表现在以下三个方面：

1.税收风险识别是税收风险管理的必要途径和关键环节

随着社会经济不断发展，纳税环境越发复杂，只有通过科学的税收风险分析方法，才能了解和掌握税收风险发生的一般规律，从而更有效率地发现潜在的税收风险，进而采用有效措施开展针对性的控制和排查，提高税收风险管理的针对性和有效性。

2.税收风险识别体现税收风险管理过程的科学性

税收风险识别过程是将传统的税收风险管理业务与现代计算机信息处理技术相互融合的过程，两者相互补充、相互验证。借助计算机信息技术，运用统计学、计量经济学等领域的学科知识，结合税收规章制度，借鉴税务人员的经验，实现对税收领域多角度、全方位的分析和研究，更准确地找寻税收风险发生的领域和概率。因此，税收风险识别是最能体现税收风险管理的科学技术性的环节，是税收风险管理的发展趋势，对提高税收风险管理的有效性和准确性具有重要意义。

3.税收风险识别是税收风险定等排序和推送应对的基础

只有税收风险识别科学准确，风险定等排序和应对才有意义。税收风险识别为后续的风险定等排序提供了全面、具体的量化信息，为风险应对提供了指导方向和分析思路。随着税收风险识别方法和经验的日益积累与发展，整个税收风险管理的循环也会日益高效。

（三）税收风险识别原则

1.系统化原则

税收风险的产生和发展具有系统化的特征，所以税收风险识别同样应当遵循系统化的原则，制定合理的流程，系统地分析税收风险发生的一般规律和特殊情况，多层次、多角度、全面地识别税收风险点，评估风险后果，为采取相应应对策略提供完备依据。

2.规范化原则

对于整个税收风险识别工作而言，必须遵循税收风险管理工作中制定的各项制度和标准，建立起风险识别工作的管理机制，明确风险识别的岗位职能，结合各地的税源情况和工作能力，合理安排各层级识别工作的内容和流程，制定标准化的识别方法及流程，并通过绩效考评机制规范整个识别工作。对于已识别出的税收风险，实行集中管理和监督，一方面为后续的应对工作提供方便；另一方面也利于实现风险识别成果的再利用。

3.专业化原则

税收风险涉及不同行业和领域、不同性质和损失程度，因此风险识别工作的专业性和综合性很强。在选择识别方法时，应当依据不同的风险特征，结合已有的数据资料研究适用于不同特征的风险识别算法和参数，分类建立风险分析监控模型，提高风险识别的专业化水平。

4.人机结合原则

对税收风险的识别应当将定性与定量分析相结合，将计算机技术与人脑相结合，在将严密的数学方法作为分析工具的基础上，发挥税务人员自身的知识和经验。具体而言，就是要在统一规范的前提下，充分发挥各单位及相关税务人员的主观能动性，在计算机处理的基础上，对于特殊情形融入人工的主观判断，在以风险模型识别风险的基础上，进一步加强税务人员的分析判断，特别是对大企业、关联企业等的分析，发挥税务人员的经验优势和专业特长，对税务信息和数据进行充分与全面的挖掘，提高税收风险识别的准确性和有效性。

（四）税收风险识别内容

1.税收风险识别对象

税收风险识别的对象是税收风险。税收风险是指在税收管理过程中遭遇的损失和不确定性，表现为税收制度不健全带来的矛盾性、税收征管水平不高带来的损失性和纳税人纳税遵从不高带来的流失性，具体可分为制度性风险、管理性风险和经营性风险。

制度性风险是因税收法律不健全、不完备，税收政策不确定，税收管理机制不规范等带来的风险。例如，第三方信息的提供在法律上没有规定性，税务机关在税收风险管理中因数据缺失或信息传递不及时导致的税款流失；管理性风险是指因为税务管理职能交叉，或者是税务执法人员对税收政策理解、执行失范造成的税款流失，形成在税收风险管理中的管理风险；经营性风险是由于企业自身组织机构庞大、分支机构众多、经营复杂、核算方式复杂、有意进行税收筹划等原因造成的没有遵从税法，导致的法律制裁、财务损失和名誉损失等。

2.税收风险识别层次

税收风险识别是一个综合体系，从风险识别的层次来看，包括宏观层面的风险识别和微观层面的风险识别。

（1）宏观层面的税收风险识别

宏观层面的税收风险识别是指从总体上描述每个风险领域纳税人的风险状况，主要是通过宏观经济趋势、相关法律制度、纳税人群体特征等角度，从整体层面关注税收风险发生的主要区域、行业和事项等，为宏观税收风险管理政策提供依据。宏观层面的税收风险识别主要包括三个方面：

①宏观经济趋势分析

通过对宏观经济背景的分析来预测未来税收遵从水平的发展趋势。例如，通过GDP变化与税收收入变化的相对关系，如果GDP增长速度快于税收收入增长速度，可能意味着存在税收收入的流失。

②相关法律制度分析

通过对税收相关的法律法规、制度文件等的分析，可以及时发现哪些政策制度增加税收收入流失的可能性、哪些征管办法在执行中存在问题等，有利于税务机关不断完善规章制度，从政策层面降低税收风险。

③纳税人群体特征分析

从宏观层面，根据纳税人的群体特征对纳税人进行分类识别，是提高风险识别效率的重要手段。纳税人通常按照规模、行业、税种、风险类型等进行划分。每个群体的纳税人具有相似的风险特征，全面分析每个纳税群体的特征和风险领域，有利于高效准确地识别特定群体纳税人的遵从风险。

（2）微观层面的税收风险识别

微观层面的税收风险识别是指针对纳税人的税收风险的进一步深入分析与识别，找出每个纳税人具体的风险环节和风险领域。具体而言，就是以税务部门搜集到的来自自身及第三方的数据和信息为基础，利用统计分析、数据挖掘、经验判断等方法，构建风险指标及模型，识别出每一个纳税人具体的遵从风险环节和情形，并对其纳税遵从度做出判断。

针对税收风险的两个层次，其识别方法主要思路包括两种：税收能力估算法和关键指标分析法。前者主要是从宏观角度出发，在一定的宏观经济背景和既定的税收制度下将估算的理论税收收入与实际税收收入数据进行比较，分析某一区域、行业或税种是否存在税收风险；后者主要是从微观角度出发，通过对一些关键指标的纵横向比较，找出异常变动的指标并分析其潜在风险。同时，随着"大数据""互联网+"的兴起，以大数据挖掘为基础的综合分析方法进一步拓宽了税收风险识别的思路。

二、税收风险识别管理

（一）税收风险识别流程管理

根据税收风险识别的概念，税收风险识别包括数据整备管理、税收风险指标（模型）管理、风险识别结果管理三个步骤。

1.数据整备管理

数据管理部门负责收集并整理相关涉税数据，组织数据质量筛选，保证数据的可用性。风险监控部门负责实施各类数据的风险识别应用，并对数据应用情况进行跟踪与反馈。

（1）数据整理

税收风险识别岗根据指标（模型）运行需要，对已采集的相关数据进行整理、清洗和加工，使其满足相关税收风险指标（模型）的运行条件。税收风险指标运行如须补充采集第三方数据，则由相关风险事项业务管理部门牵头，会同数据采集部门确定数据采集方案并组织实施，在风险计划规定的时间内完成数据的采集和整备工作。

（2）数据跟踪

税收风险识别岗根据税收风险管理数据运行情况反馈，应区分情况，分别向数据采集部门提出加强数据质量管理建议或数据补充采集需求，同时向数据采集部门反馈第三方数据运用成效。

（3）指标元创建

税收风险识别岗制订并按照《税收风险指标加工方案》的要求，开展指标元的创建，实现对指标元基础属性、指标元值和条件值的定义，指标元数据维护，主题数据配置，指标元发布，以及其他后续状态管理。

（4）数据修正

税收风险识别岗应根据需要对数据提出或直接进行必要修正，以提高风险识别准确性。例如，为强化纳税人的分类管理，对系统中行业及其他基础属性尚未明确，或者不能进行标识的纳税人，如上市公司、A类信用企业，应提请征管科技部门通过增加纳税人的属性，形成纳税人的有效分类，便于以后进行针对性的风险识别、排序等。

2.税收风险指标（模型）管理

税收风险模型管理是指各级税务机关运用政策分析、案例分析和经验分析等分析方法，寻找税收风险领域，提取用以识别风险领域的风险特征，建立和健全相应的风险指标体系和风险识别模型的管理过程。其包括五个环节的工作内容。

（1）模型管理岗对机关相关业务部门建设的风险指标模型及各级税务机关在日常工作中发现的，或通过典型调查提交的税收风险特征指标进行审核与确认，并进行税收风险特征的配置、发布、后续状态管理。对税收风险特征进行统筹管理，制订税收风险指标（模型）建设计划。

（2）各业务管理部门数据和风险管理岗应根据年度风险管理工作计划，依据相关建设规范组织风险识别指标（模型）的建设工作，在风险识别工作开展前及时将税收风险识别模型业务需求提交模型管理岗部署到风险管理平台。

模型管理岗协同相关业务管理部门数据和风险管理岗按照"识别、推送、应对、反馈"的流程对风险识别指标（模型）进行验证。对验证通过的风险识别指标（模型）发布使用。

（3）模型管理岗收集所推送任务的风险识别模型及风险指标综合评价信息，向该风险识别（模型）建设单位反馈适用性。相应建设单位根据反馈意见对风险指标（模型）进行修正。

（4）模型管理岗及时对风险指标停用、启用和作废等状态进行生命周期管理、风险事项与指标（模型）对应关系维护等后续管理工作。上级税务机关可将下级税务机关的税收风险指标提升为本级使用。

（5）模型管理岗根据业务部门的指标模型维护通知，对税收风险指标（模型）进行维护；根据税收风险指标（模型）评价与反馈信息，对不需要业务部门确认的技术等方面事项，直接对风险指标进行维护。

3.风险识别结果管理

税收风险监控部门根据已经制订好的风险管理计划，在指标定义及分类的基础上，开展风险加工、验证，据此形成税收风险信息，为应对工作提供依据。

（1）风险加工方案制订

税收风险识别岗根据税收风险管理计划风险识别任务识别相应税收风险点，并进行合理统筹，分事项选定指标（模型），在征管信息系统中制作《税收风险指标加工方案》。

（2）风险加工方案执行

①税收风险识别岗按照《税收风险指标加工方案》及《税收风险人工识别方案》明确的识别内容，分别执行信息系统加工和人工标准化分析。

②税收风险识别岗将人工识别出的税收风险信息报经审批同意后，人工录入或导入风险疑点库，列入风险识别事项的指标排序范围。必要时可向税收风险推送岗提出人工识别指标权重、积分规则的维护建议，以保证人工识别风险参与排序的正确性、合理性。

③税收风险指标平台加工完成后，税收风险识别岗按一定比例对加工结果进行抽样预览和初步审核，并向各风险应对单位抽样下发待上传疑点，同步开展审核验证。对经审核明显为虚像或错误风险信息的，作废虚像或错误税收风险信

息，作废风险信息不再上传风险疑点库。

④风险识别岗对经初步审核、验证确认的税收风险信息，应按期上传税收风险库，对已上传风险疑点库的风险，因信息错误需要作废的，应组织进行作废处理。

（3）风险识别反馈

①税收风险识别岗在税收风险识别过程中，同时对税收风险识别指标（模型）进行检验评价，发现须调整或修正事项的，应及时向模型管理岗进行反馈。

②税收风险识别岗定期对税收风险应对结果与推送的税收风险存在较大差异的信息，进行审核分析，向模型管理岗提出调整指标模型等工作建议。

（二）税收风险识别时间管理

税收风险识别时间也被称为识别周期或加工周期，包括年、季、月、一次性四种类型。税收风险识别时间的确定应结合以下三个方面确定。

1.税收风险特征

根据税种、管理事项、特定群体因税源管理要求的不同而可能形成的不同税收风险特征选择识别时间。例如，土地增值税法定清算的税收风险应在纳税人提交清算申报表时进行识别。

2.申报期

根据不同税种的申报期要求确定风险识别时间。例如，企业所得税汇算清缴申报期限为5月31日前，因此风险识别应在每年6月起开展。

3.数据整备情况

根据内外部数据源的整备情况确认风险识别时间。例如，个人所得税年度纳税申报期为3月底，但由于纳税人财务报表一般要求5月底前提交，需要纳税人财务报表的税收风险指标只能待5月底财务报表信息整备结束后才能开展识别。

（三）税收风险识别有效性管理

1.税源信息的动态收集

开展税收风险识别前提是已获取识别风险所需要的数据，因此应加强税收征管数据、外部门、互联网涉税数据等数据源管理，同时拓宽数据获取渠道，加强税务人员在税源管理过程中发现的各类税源信息的收集和应用。

（1）税源信息的来源渠道

①日常征收管理

纳税服务、基础管理、风险应对部门及机关内设机构在咨询辅导、征收管理、调查核查（实）、风险应对、税源分析等日常履职过程中发现的税源信息。

②护税协税

税源信息获取单位依据审计报告、政府纪要、部门联席会议纪要及协税护税等第三方单位提供的信息，整理形成与涉税风险相关的税源信息。

③检举

税收违法行为检举形成的税源信息。

④案中案

它是指从税务稽查、纳税评估过程中发现其他纳税人案中案风险疑点。

（2）税源信息的甄别

风险监控部门应加强税源信息的有效性分析，并建立税源信息会审机制，定期或不定期对税源信息的合规性和有效性进行审核，分别做出处理。对于不属于风险管理范围的税源信息，应告知税源信息获取单位向有处理权的部门反馈。对税源信息主体不明确、事实不清楚的，应进一步要求收集详细线索。

（3）税源信息的风险应用

反馈的税源信息可通过现有风险指标或新建风险指标进行风险识别的，应通过运用风险指标加工产生税收风险点。对时间要求紧急、不及时推送易造成税收永久流失的，也可直接形成风险应对任务推送至风险应对机构处理。

应定期分析通报税源信息的应用效果，根据具体情况提出税源信息反馈建议，提高信息反馈的针对性和有效性。

2.风险指标（模型）动态管理

风险指标（模型）动态管理是为了保证风险指标（模型）指向的准确性及对风险的敏感度，在风险指标（模型）应用的过程中，根据实际情况的变化，通过应用评估的方式，适时对风险指标（模型）及涉及风险点进行调整的一种工作方法。

（1）风险指标（模型）应用评估类型

应用评估包括风险指标（模型）评估和风险识别结果评估两种类型。风险指标（模型）评估是对风险指标（模型）业务需求进行评价的过程；风险识别结果评估是指采取抽样方式，对风险指标（模型）逻辑性、取数准确性、疑点描述科学性、政策符合性及应用特例等角度进行评价的过程。

（2）风险指标（模型）应用评估标准

①现行税收政策符合性

对税收风险指标（模型）所依据的税收政策（包括与税收相关的法律、法规、规章及规范性文件）的符合性进行评估。确认税收政策是否有效、有否发生变化，变化点是否对税收风险指标所引用的税收风险特征产生影响。

②内外部数据源稳定性

对税收风险指标（模型）所需要的数据整备要求稳定性评估，详细梳理、排查数据来源，确认数据源在字段含义、加工规则、加工频度等方面是否满足税收风险指标（模型）的应用需要。

③风险参考值科学性

对税收风险指标（模型）预警参考值、风险积分、风险分值、权重等关键参数的科学性进行评估。通过调研、分析，确认风险参数在逻辑上、趋势上是否符合税源管理的实际情况。

④核心算法准确性

对税收风险指标（模型）运算逻辑、运算公式的准确性进行评估。确认核心算法是否准确地反映了税收风险特征、准确使用了内外部数据源。

⑤风险识别结果代表性

对税收风险识别结果代表性进行评估，确认识别结果在识别有问题面、案头审核有问题面、应对有问题面等方面是否符合税收风险指标（模型）识别有效性相关要求。

⑥指标应用范围适用性

对税收风险指标（模型）适用范围进行评估。该评估多用于引用上级或同级其他单位税收风险指标（模型），主要是确认其是否适用于税源管理区域、是否适用于税源管理对象。

（3）风险指标（模型）应用评估处理方式

①保留

对于能够正常使用，有效性较高，且未收到修改建议的指标（模型）无须修改，继续使用。

②停用

由于政策或征管环境发生变化导致指标（模型）无法继续使用且无修改的必要，应予以停用。

③修改

修改包括指标优化或整合。优化是指由于政策或征管环境发生变化或实际使用过程中发现指标（模型）在名称、算法、取数来源、风险描述、预警值等方面存在错误，或以上虽不存在错误，但指向模糊，需要进一步明确的，应当对指标（模型）进行修改。整合是指若干指标（模型）风险指向基本相同且具有互补作用，如果组合在一起风险指向会更明确的，应当对指标（模型）进行整合。

④修改应对指引

对于实际应对过程中发现的具有一定普遍性的例外情况，但又无法对风险指标（模型）进行修改的，在获得相关证据证实后，应在风险指标（模型）应对指引中增加情况说明。

第三节　税收风险的应对与反馈

一、税收风险应对

税收风险应对是整个税收风险管理流程的最重要环节。税收风险管理的最终目标是要提高纳税人的纳税遵从度和防范税款流失。税收风险应对处理，就是对税收风险分析、识别、评价后确定的税收风险目标，按照一定的原则，采取差别化的风险应对策略、措施和方法，对税收风险实施有效应对、处理和管控的管理过程。

（一）税收风险应对的概念

税收风险应对是税收风险应对机构接收税收风险应对管理机构发送的税收风险应对任务后，根据纳税人税收风险点、风险等级、税收风险形成的具体原因，按照一定的规则和差别化应对的原则，分别采取相应的策略和措施，防范、控制和化解税收风险的过程。

在税收风险应对过程中，通过科学地分析识别，确定不同风险等级的纳税人，进行差别化、递进式管理，对低风险纳税人采取优化纳税服务和纳税辅导、风险提醒等服务方式；对中等偏高风险等级的纳税人实施案头审核分析和税务约谈等方式；对高风险纳税人采取税务检查或立案稽查等方式进行风险应对。即随着纳税遵从度的降低、税收流失风险的加大、税收风险等级的提高，风险应对控制逐渐由辅导性服务到行政处罚，由柔性管理到监控管理，最后到刚性执法，执法的力度和刚性逐渐加大。一方面对无风险、遵从度高的纳税人应当给予鼓励和遵从激励，积极提供优质、便捷、有针对性、个性化的纳税服务；对遵从度较低的纳税人，应当予以适度容忍，并加强纳税辅导，给予及时提醒，提供纳税人自我遵从的机会。另一方面，应集中征管力量抓主要矛盾，加大对恶意不遵从的税收违法违章行为的打击和震慑力度，有效控制高纳税人的税收风险，提高税收风险管理的针对性和有效性，实现真正意义上的管理和服务有机结合，推动纳税遵从度和纳税人满意度的提高，防范和控制税收流失风险。这样，按照风险等级从低到高，在具体的应对措施上，体现调查项目由少到多、进户频率由低到高、事项审核由宽到严等方面的变化，以提高税收征管的针对性和各类资源流动的有效性。

（二）税收风险应对的意义

税收风险管理一个重要的实践价值在于促进税务机关最有效地使用有限的管理资源。虽然税务机关都拥有政府拨付的一定的管理资源，但是，要保证每一个纳税人在纳税义务发生时都能全面履行纳税义务，这些资源又总是不足的。特别是国际贸易的增长、电子商务的发展、就业模式的变化、合同数量的增长、经营结构和金融产品的创新等因素大大增加了税收遵从风险，也增加了税务机关纳税服务、税收检查及其他遵从干预的复杂性和工作量，全球各国的税务机关都有增长税收风险管理资源的迫切需求。税收风险管理的一个重要功能，就是帮助税务机关找到管理资源配置策略和遵从目标最大化之间的最佳结合点。

（三）税收风险应对的职能划分

根据不同的税收风险特征和不同的税收风险等级，应采取不同的应对方案、策略和方法，如对较低税收风险等级的纳税人，采取优化服务的应对策略和措施方法，对一般性的税收风险等级纳税人采取柔性管理、加强监控的应对策略和措施方法，而对较高风险或高风险等级的纳税人则采取刚性执法、打击震慑的应对策略和措施方法。

风险应对工作按照高等风险、中等风险与低等风险差别化应对的原则进行。根据风险级别和效率优先原则，对不同税收风险级别的纳税人应按照"一般税收风险一般管理，较高税收风险重点管理"的原则，税收风险管理中所耗用的税务资源和对纳税人的介入程度应有所区别。税收风险应对职能的划分各地大同小异，一般由纳税服务部门或基础管理部门负责低等风险的应对，风险应对部门负责中等风险的应对和部分低等风险的应对，税务稽查部门负责涉嫌偷逃骗抗税等高等风险的应对。机关各有关部门按照深化征管改革的职能定位通过提供政策支持和服务保障等参与风险应对。

（四）税收风险应对的方法

风险应对的方法主要为风险提示、纳税辅导、案头审核、询问约谈、实地核查、税务稽查等，不同等级的风险适用不同的应对方法。风险应对工作按照高等风险与中、低等风险和中等风险与低等风险一并应对的原则进行。

1.低等风险的应对方法

低等风险主要采取风险提示和纳税辅导的方法实施应对，一般不采用单独约谈、下户核查等管理措施。

风险提示是指税务机关通过实体办税服务厅、网上办税服务平台、短信平台、纳税人学校、邮寄挂号信函等途径向纳税人制式化发送税收风险提醒，指引其自行采取措施消除涉税风险的一种风险应对手段。纳税辅导是对有共性问题的纳税人通过纳税人学校或者集中约谈等定向集中的方式进行有针对性的辅导，帮助其防范和自行消除涉税风险的一种风险应对手段。

纳税服务和基础管理部门根据风险应对任务具体情况组织应对。对提醒后纳税人未按规定采取措施消除有关登记、申报等涉税风险的，通过风险管理系统分别推送给税源管理机构或风险监控机构进行处理。纳税服务和基础管理部门按季制作风险应对报告，针对风险应对过程中纳税人反馈的情况提出改进意见，反馈给风险监控机构。

2.中等风险的应对方法

中等风险的应对方法包括案头审核、询问约谈和实地核查。

（1）案头审核

案头审核是指税源管理机构在风险监控机构推送的风险应对任务基础上，根据纳税人的相关资料和情况，开展的深入、个性化的风险分析审核，为询问约谈提供支持。案头审核应在税务机关办公场所进行。

案头审核工作主要包括以下内容：

①在推送列明的税收风险点的基础上，根据已掌握的涉税信息，结合审核对象的行业特点、经营方式，深入研究各税种的关联关系。

②进一步确定税收风险点的具体指向，判断申报纳税中存在的问题。

③确定需要向纳税人进一步核实的问题及需要其提供的涉税证据材料。

④依法合理估算纳税人应纳税额。

（2）询问约谈

询问约谈是应对人员行使税务询问权，对经案头审核需要向纳税人核实的问题，采取电话、网络、信函等方式约请纳税人当面核实税收风险点的过程。

询问约谈的对象可由应对人员根据实际情况确定，主要是企业财务会计人员、法定代表人（负责人）及其他相关人员。

经案头审核和询问约谈，确认纳税人存在涉税问题的，应向其发出《税收自查通知书》，通知其在规定时间内自查自纠，并提交制式化的自查报告和与税收风险点有关的证明资料。证明资料应由提供人签字确认并加盖单位公章。

对纳税人提交的自查报告应组织审议，对纳税人自查发现的涉税问题应给予行政处罚的，按有关规定处理。

对实施自查的纳税人，税务机关应告知其如不及时、如实自查自纠可能承担的法律责任。

经案头审核和询问约谈，确认纳税人不存在不缴或少缴税款问题、税收风险点已被排除的，应对人员制作《税收风险应对报告》，经审议后，风险应对终止。

有下列情形之一的，经集体审议和税源管理机构负责人批准后转入实地核查：

①税收风险点情况复杂，通过纳税人自查不能消除税收风险点的。

②纳税人无正当理由拖延、规避或拒绝询问约谈，未按税务机关要求进行自

查并提交书面说明及证明资料的。

③纳税人自查补税未能在税务机关限期内补缴税款且无正当理由的。

④通过约谈发现纳税人涉嫌其他重大涉税问题的。

（3）实地核查

实地核查是指应对人员运用税务检查权，到纳税人的生产经营场所，对纳税人的税收风险点和举证资料，以及其他需要通过实地核查的事项进行核实处理的过程。对确定实行实地核查的，不得再交由纳税人自查。

实地核查时，应全面核实纳税人基础信息的真实性和准确性，并以推送的税收风险点为应对重点，对风险所属期可能存在的其他涉税问题各税种综合联评，全面应对。发现溯及以往年度的风险，一并依法应对。

经实地核查，未发现纳税人有不缴或少缴税款的，应对人员制作《税收风险应对报告》，经审议后，向纳税人送达《税务事项通知书》，载明根据已掌握的涉税信息暂未发现少缴税款行为等内容。

经实地核查，发现纳税人存在少缴税款的，应对人员应按照相关要求进行调查取证，并对事实、证据、程序、处理等方面进行全面审核后，制作《税收风险应对报告》。经审议后，制作《税务处理决定书》，载明应补缴税款及滞纳金，送达纳税人，责令其限期缴纳。

经实地核查，需要核定应纳税额的，应对人员制作《税收风险应对报告》，经审议后，向纳税人送达《应纳税额核定通知书》。

在实地核查过程中，发现纳税人涉嫌偷、逃、骗、抗税的（其中涉嫌偷税达到或超过50万元），风险应对机构应中止应对程序，移送稽查部门立案查处。

中等风险应对过程中，如因检举、交办、转办等原因由稽查部门立案检查的，风险应对机构应中止应对程序，移送稽查部门立案查处。

3.高等风险的应对方法

高等风险应对方法为税务稽查。

高等风险应对时，应对人员对案件实施各税统查，发现的涉税违法行为涉及以往年度的，应追溯检查。检查过程中，应当收集与税收风险点有关的证据资料，并在检查底稿中反映与税收风险点有关的情况。

高等风险应对时，检查、审理、执行的时间和规范按照《税务稽查工作规程》的相关规定执行。

（五）税收风险应对任务的退回和延期

1.风险应对任务的退回

风险应对机构在风险应对过程中，发现应对对象被认定为非正常户或依法注销的、不属于本机构应对范围或者因特殊情况无法进行应对的，可按规定流程发起风险应对任务退回申请。

风险应对任务的退回一般仅限于案头审核环节实施。风险应对岗人员须说明理由并书面填写《风险应对退回审批表》向风险监控机构申请退回接收的风险应对任务。风险监控机构接到申请后，应在规定时限内提出处理意见，报经批准后将风险应对任务退回。

2.风险应对任务的延期

风险应对人员在接受风险应对任务后应在规定的时限内完成风险应对任务。遇到机构调整、人员变动、案情复杂等特殊情况确须延期的，可按规定流程发起风险应对任务延期申请。

风险应对人员在应对任务各环节发起应对任务延期申请时应先填写《风险应对延期申请审批表》，有多户需要申请延期审批的，须填写《风险应对延期申请审批汇总表》，并附《风险应对延期申请审批表》经风险应对机构负责人审批同意后，将风险应对任务延期审批情况报风险监控机构备案。

（六）税收风险应对的流程

1.低等风险应对流程

低等风险应对流程一般由风险归集、风险提示、纳税人自我修正、后续监管四个环节组成。

（1）风险归集

税收风险识别部门将指标加工产生的风险情形简单、风险指向明确、对税收秩序影响小、主观故意程度低、识别疑点税款可测的各类适合低等风险应对的税收风险点按户（人）归集，形成待推送应对任务。

（2）风险提示

税务机关依托网上办税服务厅或移动办税平台等渠道向纳税人推送税收风险提示。告知存在的涉税风险，明确提示税收风险自行应对的截止日期。

通过网上办税服务厅推送风险提示的，适用"税务事项通知书（风险提示专用）"；通过移动办税平台推送风险提示的，适用"税收风险提示函"。

采用"税务事项通知书（风险提示专用）"进行风险提示的，在告知内容中，可对纳税人提出具体的修正要求，以及不按规定自我修正的后续处理措施和需要承担的法律责任。

（3）纳税人自我修正

纳税人根据风险提示，对照税收法律法规和自查指引，自我核查并根据情况修正风险。其中，需要更正申报的，在提示截止日期前，打印并携带风险提示信息，到办税服务厅进行更正申报。

（4）后续监管

风险提示到期后，税务机关利用信息系统对风险提示信息与纳税人修正情况进行比对，分析税收风险消除程度；采用"税务事项通知书（风险提示专用）"方式进行风险提示的，可进行人机结合的后续分析并跟踪管理。

纳税人自我修正情况与风险识别结果符合度较高或者更正申报税款高于预估税款的，可基本确认税收风险点消除；对纳税人未修正处理的相关风险点，或者更正申报税款明显低于预估税款的，其分析比对差异在中、高等风险应对时一并核查。

2.中等风险应对流程

中等风险应对流程一般由任务分配、案头审核、询问约谈、实地核查、结果反馈五个环节组成，根据案情不同涉及其中一个或几个环节。

（1）案头审核操作流程

①任务分配

风险应对部门综合管理岗根据本机构实际情况确定中等风险应对任务的案头审核风险应对人员（中等风险应对岗），直接分配到应对人员（一级分配）或先分配到应对机构，再分配到应对人员（二级分配）。案头审核任务分配可单独分配，也可以批量分配。

②制作风险应对报告

风险应对岗接收到应对任务后，应根据风险监控机构推送的风险疑点信息、一并处理事项及所掌握的其他涉税信息，对纳税人的纳税义务履行情况进行审核，初步判断纳税人是否存在涉税问题，并根据问题的复杂、严重程度，制作

《税收风险应对报告》，提出分类处理意见。

初审无问题：根据案头审核分析，判断纳税人基本没有涉税问题的，建议交约谈核实纳税人登记信息变更情况后应对结束。

涉嫌一定涉税问题：根据案头审核分析，判断纳税人可能存在一般（轻微）涉税问题的，建议交约谈通知纳税人自查。

涉嫌较复杂涉税问题：根据案头审核分析，判断纳税人可能存在严重涉税问题的，建议交约谈转实地核查。

③集体审议

审议人员集体对《税收风险应对报告》进行审核，做出集体审议意见。初核无问题，交约谈核实信息结束应对。涉嫌一定涉税问题，交约谈通知自查。涉嫌较复杂涉税问题，交约谈转实地核查。

④确定约谈（实地核查）计划

审核认定岗（会审牵头人）根据会审结果，确定约谈对象、约谈方式、约谈人员等。

对确定涉嫌较复杂涉税问题交约谈转实地核查的，同时确定实地核查人员、时间和核查所属期。

需要延期的，制作《延期审批表》，报审核认定岗（中等风险应对机构负责人）批准。

⑤结果反馈

应对结束后，应对机构将风险任务的处理结果通过反馈流程向推送部门进行反馈。

（2）询问约谈操作流程

①通知约谈

中等风险应对岗（询问约谈人员）根据案头审核分析结果确定约谈对象、约谈时间和地点，制发《约谈通知书》。

②实施约谈

中等风险应对岗（询问约谈人员）根据案头审核的会审意见实施询问约谈，制作《税收风险应对报告》和《约谈笔录》，《约谈笔录》交被约谈人签章确认。

会审意见为"基本无涉税问题"的，中等风险应对岗（询问约谈人员）应开展纳税人登记信息变更情况核实工作，编制《纳税人登记信息变更确认表》交纳税人核对并签章确认，流程终止。

会审意见为"涉嫌一定涉税问题"的，中等风险应对岗（询问约谈人员）告知相关涉税问题和一并核实事项，开展有针对性的税收政策辅导，制发《税收自查通知书》和《税收自查通用申报表》交纳税人签收，要求纳税人在一定期限内对纳税义务履行情况进行全面自查。

会审意见为"涉嫌较复杂涉税问题"的，中等风险应对岗（询问约谈人员）告知相关涉税问题和一并核实事项，开展有针对性的税收政策辅导，制发《税务检查通知书》交纳税人签收。

实施约谈时，有关风险识别的各类指标、参数和办法不得泄露给纳税人。

③自查审核

中等风险应对岗（自查审核人员）接受自查审核任务后，应结合风险监控机构推送的信息、待核实涉税问题、一并核实事项及纳税人自查补报税款等情况，对纳税人自查报告的完整性和合理性进行审核，视不同情况制作《税收风险应对报告》，提交审议。

基本符合：纳税人在规定期限内已全面自查，相关涉税问题和一并核实事项均已证实，已自查补缴税款并在合理区间（若有自查补税），纳税人基础信息核实已完成，初步确定基本符合。

基本不符合：纳税人规定期限内未自查，或虽已自查，但自查不完整或不合理的，初步确定基本不符合。

④开展审议

审议人员对《税收风险应对报告》、纳税人提交的自查报告、相关证明材料等进行审议，填写审议意见。

审议通过的，结束应对或转实地核查；审议未通过的，流程退回上一环节重新处理。

需要延期的，制作《延期审批表》，报审核认定岗（应对部门负责人）批准。

（3）实地核查操作流程

①制发《税务检查通知书》

实地核查前，中等风险应对岗应制作并向被核查对象送达《税务检查通知书》，出示税务检查证。案头审核会审确定为"涉嫌较复杂涉税问题"意见的，由中等风险应对岗（询问约谈人员）制发《税务检查通知书》；由询问约谈环节转实地核查的，中等风险应对岗（实地核查人员）制发。

②实施实地核查

实地核查时，中等风险应对岗应全面核实纳税人基础信息的真实性和准确性，并以推送的税收风险点为应对重点，对风险所属期可能存在的其他涉税问题各税种综合联评，全面应对。发现溯及以往年度的风险，一并依法应对。

实地核查时，中等风险应对岗应制作《实地核查工作底稿》，记录核查事实，同时要求纳税人提供与税收风险点有关和基础信息变更必需的证明资料，签字并加盖单位公章确认。

风险应对过程中发现纳税人存在的涉税问题，应当进行取证，取证应符合相关行政执法证据采集规范的要求，以能够佐证相关风险疑点为限。

需要延期的，中等风险应对岗制作《延期审批表》，报审核认定岗（应对机构负责人）批准。

③制作《税收风险应对报告》

中等风险应对岗（实地核查人员）根据核查情况，制作《税收风险应对报告》，提出拟处理意见，提交集体审议：未发现纳税人有不缴或少缴税款的，确定为"正常符合"结论。纳税人有不缴或少缴税款，但未发现偷、逃、骗税的，确定为"补缴税款"结论，制作《查补税款计算表》。纳税人有不缴或少缴税款且发现有偷、逃、骗税情形的，确定为"补缴税款、涉嫌偷税"结论，制作《查补税款计算表》。需要核定应纳税额的，确定为"核定税额、补缴税款"结论，制作《核定税款计算表》。

④实地核查结果的审理

中等风险应对岗（实地核查人员）根据上述要求制作的《税收风险应对报告》《查补（退）税款计算表》《核定征收税款明细表》及有关资料一并提交审理。

实地核查结果审理小组成员一般由分局负责人、综合管理科、实地核查科负责人组成。会议审理应按照一案一议的要求，由审理岗人员汇报案情及拟处理意见后，小组成员对违法事实认定、证据采集、违法行为处理等方面进行全面审核、讨论后做出审理结论。

审理内容主要包括：税收风险点是否消除、证据是否充分、数据是否准确、资料是否齐全。适用法律、法规、规章及其他规范性文件是否适当，定性是否准确。是否符合法定程序。应对结论或自查报告是否科学合理、是否与现行掌握的涉税信息资料、估算税额接近或相符。是否按规定核实纳税人基础信息，基础信息变化的，相应涉税问题有无一并处理。

对于拟处理决定补税金额较大，或者存在争议、政策执行难以把握的，经分局审理小组审核后，按规定程序和要求提请县市局重大案件审理委员会进行审理。

⑤文书制作及送达

集体审议确定为同意"正常符合"结论的，中等风险应对岗（实地核查人员）制作《税务事项通知书》，载明根据已掌握的涉税信息暂未发现少缴税款行为等内容，送达纳税人。集体审议确定为同意"补缴税款"结论的，中等风险应对岗（实地核查人员）制作《税务处理决定书》，送达纳税人。集体审议确定为同意"补缴税款、涉嫌偷税"结论的，中等风险应对岗（实地核查人员）制作《税务处理决定书》《行政处罚事项告知书》，并按规定制作《行政处罚决定书》，送达纳税人。集体审议确定为同意"核定税额、补缴税款"结论的，中等风险应对岗（实地核查人员）制作《应纳税额核定通知书》《税务事项通知书（限期缴纳）》，送达纳税人。

实地核查工作结束后，中等风险应对岗（实地核查人员）按规定要求做好有关变更信息的维护工作。

⑥移交稽查提请

发生移送稽查情形的，中等风险应对岗制作《税收风险应对报告》和《移交稽查案件审批表》，提交风险应对机构审议、审核。审核通过的，将相关资料、证据等一并移交给风险监控机构风险推送科，风险监控机构研究提出处理意见，经风险管理工作领导小组审核同意或局主要负责人批准后，推送税务稽查机构处理，同时将相关资料移交稽查部门。风险应对人员中等风险应对岗发起《移交稽查案件审批表》流程提交风险监控机构风险推送岗审批二次认定。风险应对任务转入稽查部门。

3.高等风险应对流程

高等风险应对方法即为税务稽查，具体操作流程参见《全国税务稽查规范》。

二、税收风险的应对结果反馈

（一）税收风险应对结果反馈的概念

税收风险应对结果反馈是指税务机关在风险管理活动中，针对风险应对结果，结合自身工作职责，选取特定的分析层面，运用科学有效的分析方法，及时发现计划和税收风险应对中的偏差，并且对税收风险管理进行有效的控制和调节，提出加强税收管理、完善风险指标模型、优化政策制度、改进服务等针对性建议，由相关部门进行统筹评估验证并逐步加以实施的过程。

我国的税务专业化改革，从核心来看就是基于数据和信息，再造税务管理流程，改善我们的税务风险管理，为提高纳税遵从服务。改革的直接背景就是随着信息及网络技术的进步和不断发展，让大规模的监控、数据收集和数据分析变得越来越容易。从技术的角度来看，以大数据技术为依托，各级政府部门可以从全国甚至世界各地获取海量数据，通过数据仓库、数据安全、数据分析、数据挖掘等手段将这些碎片数据拼成多维信息并进行利用，从而获取有价值的数据和线索。

税务风险管理的重要环节之一是对风险管理从计划到应对各步骤的监督与评价。如何能基于风险计划、识别、应对等工作的智力成果和实践，在监督与评价的环节对于风险管理的全过程产生的各种数据信息回溯再分析利用，进而改善和监控风险管理的各流程，这是当前风险管理工作中极为必要、亟待解决但又存在空白的领域。

美国著名学者肯尼思·丘基尔在《大数据：一次将改变我们生活、工作和思考方式的革命》一书中提出：对大数据进行利用的基础和前提在于存储后的再分析与二次使用。也就是说，首先是要把这些数据存下来，并在存储过程中，为这些数据建立相应的关联依据，以方便用户查询使用。更直接地说，就是将数据保存下来，用户可以对这些数据进行回溯查询、回溯分析、回溯挖掘，通过多次反复利用增值。因为数据的不断收集叠加，能够产生新的信息，达到1+1>2的效果。

（二）税收风险应对结果反馈的作用

风险应对的目的，是使税务机关以有限的管理资源，应对最大的风险，从而获得最高的纳税遵从度。信息反馈是决策执行结果的反映过程，是决策执行效果向决策者的回传，是决策进一步修正的信息来源。因此，在决策的执行过程中必须建立完善的信息反馈系统，以便在多方案决策中选择最佳决策方案，对决策方案的执行过程进行有效控制，使决策取得理想的效果。因此税收风险应对结果反馈是税务机关对税收风险管理过程进行检验、调整的基本依据，是进行决策的重要基础，是提高税收风险管理质量的可靠保证，是税收风险管理中不可或缺的重要环节。

1.税收风险应对结果反馈有利于风险计划管理

风险识别的前提条件，是必须具备完整的税收数据信息。目前，税务机关的信息量远不能适应税收风险管理的要求，税务机关内部的信息虽然集中，但是共享不够，外部有价值的信息因获取途径不足而大量流失。因此，必须不断对税收风险应对结果信息进行有效反馈，建立税收风险信息平台，为风险识别提供有效的信息来源。在此基础上，通过对税收风险应对结果反馈的信息，把握分行业、分税种、分领域税源管理现状的脉搏，有的放矢地制订和修正税收风险管理计划。

2.税收风险应对结果反馈有利于风险模型构建

由于现有的税收风险管理典型案例和行业模型数量不足，税收风险指标和参数、系数体系缺乏实践的检验和修正，应用性较差，分析识别算法单一等，造成不能准确地反映风险点和风险等级的实际分布情况，指向性和针对性不强，影响了税收风险管理的质效。因而，通过税收风险应对结果反馈的信息，才能有效评估模型构建的合理性、适应性及可行性。

3.税收风险应对结果反馈有利于优化资源配置

一方面，由于受现有机构设置、征管模式和人力资源结构等瓶颈的影响，未能按照"管理有风险纳税人、服务无风险纳税人"的税收风险管理理念科学合理设置机构，配置征管资源；没有做到适合的人放在适合的管理岗位上，实行征管资源的优化合理配置和有效激励。另一方面，资源配置上偏重行政和业务审批事项管理，形成了行政管理人员过多而一线税收风险管理人员不足的不合理局面，尤其是高层次、复合型管理人才更多地处于行政管理岗位，不承担税收风险管理的具体职责，导致税收风险管理人才不足，风险分析识别、风险应对控制的资源配置在数量和质量上都无法满足实际税收风险管理的需要。借助税收风险应对，可以发现税收风险管理中存在的资源配置不合理性，可以实现资源有效配置。

4.税收风险应对结果反馈有利于提高税收行政效率

作为政府活动的重要内容之一，税收的征纳活动也要讲求效率，也要将其中的人力、物力、财力消耗降至最低，此即税收的行政效率。

税务机构作为一种特殊的政府组织，对其在信息化的前提下进行结果反馈，一方面，能够使现行税收风险管理流程更好地适应风险管理业务信息化的趋势，优化和简化手工业务流程，实现现代管理和科学决策，从而促使税收行政效率的提高；另一方面，税收风险应对结果反馈也有利于发挥规模效应，实现税收风险管理费用的最小化。

（三）税收风险应对结果反馈的原则

税收风险应对结果反馈应当遵循以下四个原则。

1.固化回溯原则

即指在税收风险应对结束后，风险应对部门都必须进行回溯分析，及时地对税收风险应对结果进行分析、记录。回溯分析是在当前税收法律体系框架下，对原有决策的产生机制与产生环境进行客观分析，是风险应对成果再加工的基础，是数据分析利用有效的保障。

2.成果导向原则

税收风险应对成果的增值利用以扩大税收风险管理的管理成果为目的，应把扩大成果作为增值利用的原则导向。要充分研究分析既得的税收风险应对成果，认真总结本地区不同规模、不同行业的各类纳税人及所涉及各个不同税种的风险特征及规律，构建各具特色的本地化风险特征库，不断优化风险识别的数据模型，将风险应对成果转化为风险应对效率。

3.全局管理原则

在税收风险应对成果的增值利用中，应从全局视角展开工作，全面管理。风险应对结果反馈不能局限于一税户一税种，既要注重点面集合发现行业风险特征，又要眼观全局对税收风险管理的识别、推送、应对、反馈，以及税收风险管理的资源配置、职能划分、流程设定、制度管理等，多环节多角度全方位地提出合理化意见建议。

4.分工协作原则

全系统各部门、各单位都必须积极参与到税收风险应对成果的增值利用中来，分工协作，以实现整体工作成果的最优化。基层风险应对人员主要负责基础数据的准确性和完整性及反馈数据的真实性。基层风险管理人员主要负责问题建议的采集归纳和反馈数据的初步分析与加工。风险管理部门及各相关职能部门主要负责税收风险应对结果的深加工，从而优化税收风险识别的模型建设，完善税收风险管理的制度建设。

（四）税收风险应对结果反馈的要素

1.税收风险应对成果的回溯分析

税收风险成果回溯分析是指在风险应对结束后，对税收风险的计划管理、税收风险的识别、风险识别模型、风险定等排序与推送、税收风险应对等阶段进行回溯分析、评价，包括税收风险是否得以消除、风险指引是否合适、风险识别是否准确、风险识别点是否有遗漏、风险识别模型是否科学有效、风险识别指标是否合理、风险应对的发起是否必要等。

2.税收风险应对成果的成因分析

通过税收风险应对成果的回溯分析，找出在税收风险管理中的问题，分析这些问题形成的根源性原因，提出相关的建议，并将建议反馈到相关责任部门。

根据税收风险应对成果的回溯分析及成因分析，机关处（科）室、稽查部门、风险监控部门、税源管理部门、纳税服务部门等分析主体和实施主体编写《税收风险应对成果分析报告》。在分析时，按不同行业、不同类型纳税人的纳税遵从情况，从纳税意识、制度保障、措施执行、纳税服务和征纳成本等方面，在横向与纵向的因素上拓展分析。

（五）税收风险应对结果反馈利用的主体

税收风险应对成果增值利用的主体分为管理主体、分析主体和实施主体。

1.管理主体

税收风险应对结果反馈的管理主体为税收风险管理领导小组及其办公室。

风险管理领导小组负责统筹、指导辖区内税收风险应对成果增值利用工作；研究确定风险成果增值利用工作目标和部署任务。

领导小组办公室负责收集、整理、审核、分发风险应对成果分析报告等相关资料；定期召开办公室成员工作会议；组织、指导和督促各责任单位的风险应对成果增值利用工作；对风险应对成果增值利用工作进行监督与评价。

2.分析主体

税收风险应对结果反馈的分析主体为市、县两级的风险任务发起部门和风险应对部门的风险应对人员及风险应对审理人员。

3.实施主体

税收风险应对结果反馈的实施主体为分析建议所指向的具体业务管理部门、风险应对部门或税源管理机构。

（六）税收风险应对结果反馈的流程

风险发起部门发起税收风险任务，风险监控部门将风险任务按高、中、低风险推送至不同的应对部门进行风险应对。

在税收风险应对结束后，应对人员对风险应对结果进行分析。应对审理人员按风险任务的批次，将应对人员分析的应对结果汇集、整理，将相关问题、成因和建议汇总至风险发起部门。

风险发起部门从风险计划管理、风险识别等方面，风险监控部门从模型建设等方面，共同对风险应对任务进行综合分析，形成《税收风险应对成果分析报告》，并上报至风险管理领导小组办公室。

风险管理领导小组办公室对上报的分析报告整理、审核、分类，形成《税收风险应对成果增值利用事项表》，并分发至各实施主体。

实施主体对领导小组办公室确定的工作事项组织落实，领导小组办公室对实施过程进行监督。实施主体从模型、政策制度、管理措施、服务规范等方面提出建议并反馈到相应的责任部门。对于发现的新风险点，实施主体作为风险发起部门重新发起风险任务或新增风险任务，向风险监控部门上报。

参考文献

[1]黄延霞.财务会计管理研究[M].北京：经济日报出版社，2018.

[2]吴应运，刘冬莉，王郁舒.财务管理与会计实践[M].北京：北京工业大学出
版社，2018.

[3]钟阳林.财务会计管理研究[M].北京：北京工业大学出版社，2018.

[4]龚辉.税收管理[M].北京：经济科学出版社，2018.

[5]楚文海，钱晴岚.税收管理概论[M].北京：科学出版社，2018.

[6]刘志安.中国税收管理体系框架研究[M].北京：中国财政经济出版社，2018.

[7]余静，吕伟.税收风险管理理论模型与实践应用[M].上海：立信会计出版
社，2018.

[8]姜敏.税收优惠政策及风险管理[M].北京：中国财政经济出版社，2018.

[9]谢波峰.互联网税收政策与管理12讲[M].北京：清华大学出版社，2018.

[10]谢德明.企业税收风险管理理论与实务研究[M].北京：中国水利水电出版
社，2018.

[11]陈湘州.财务会计与管理决策[M].天津：天津人民出版社，2019.

[12]黄仁宇.黄仁宇全集·十六世纪明代中国之财政与税收[M].北京：九州出版
社，2019.

[13]王惠珍，苏坤，赵栓文.财务会计[M].西安：西北大学出版社，2020.

[14]杨平波，祝勇军.高级财务会计[M].2版.长沙：湖南大学出版社，2020.

[15]杜丽，吴霞云.高级财务会计[M].北京：北京理工大学出版社，2020.

[16]夏迎峰，陈雅宾，田冉黎.企业财务会计[M].北京：北京理工大学出版社，
2021.

[17]朱友干.中级财务会计[M].北京：中国纺织出版社，2021.

[18]李洁，佘菁华.初级财务会计[M].北京：北京理工大学出版社，2021.

[19]鲁莉莉，范丽霞，马玉苗.财政税收政策及发展研究[M].北京：中国纺织出

版社，2022.

[20]蔡敏，李淑珍，樊倩作.现代企业财务管理与财政税收理论探究[M].长春：吉林科学技术出版社，2022.

[21]李宝敏.现代事业单位财政税收与经济管理研究[M].北京：中国商业出版社，2022.

[22]朱军，李建强.高级财政学·量化税收政策评估·一般均衡框架下中国未来税制改革的前沿问题[M].上海：上海财经大学出版社，2022.

[23]郭亿方，宁丽鹏，杨志欣.财务会计与管理研究[M].延吉：延边大学出版社，2022.

[24]张陶勇.中级财务会计[M].上海：上海交通大学出版社，2022.

[25]邓九生，李利华.高级财务会计[M].武汉：华中科技大学出版社，2022.

[26]袁健，陈俊松，李群.财务会计精细化管理工作与实践[M].长春：吉林人民出版社，2022.

[27]孙吉，茹晨茜.资本市场与财务会计问题研究[M].延吉：延边大学出版社，2022.

[28]刘美欣.会计学与财政税收管理研究[M].北京：中国商务出版社，2023.

[29]代冰莹，雷舒靓，樊姣姣.财务会计在企业中的应用研究[M].北京：中国商务出版社，2023.

[30]安玉琴，孙秀杰，宋丽萍.财务管理模式与会计审计工作实践[M].北京：中国纺织出版社，2023.

[31]蔡智慧，绳朋云，施全艳.现代会计学与财务管理的创新研究[M].北京：中国商务出版社，2023.

[32]段新生.会计专业研究生精品教材·财务数据挖掘建模[M].北京：首都经济贸易大学出版社，2023.

[33]汪平.会计专业研究生精品教材·公司财务理论与政策研究[M].北京：首都经济贸易大学出版社，2023.